2020年東京オリンピックの変質
―コロナ禍で露呈した誤謬―

中村祐司著

成文堂

はしがき

　政府中枢による意思決定の変質が後世に禍根、誤謬、愚行として語られる現象が、今スポーツの世界、それも国際大規模スポーツ大会をめぐり顕在化している。2020年東京オリンピック・パラリンピック大会（東京五輪）の開催を前提とした政府調整会議（正式名称は東京オリンピック・パラリンピック競技大会における新型コロナウイルス感染症対策調整会議）の行動がそれである。

　政治の意向を受けた内閣官房大会推進本部が主導する調整会議の眼中には、復興五輪もアスリートファーストもない。経済イベントとしての五輪の果実を何としても逃さない（逃したくない）政府中枢は、コロナの収束が見通せないにもかかわらず、大会の開催自体を最優先する。なぜ、そこまで固執するのか。

　これまでの開催準備に投じた巨額な経費、中止の場合の経済的大打撃の回避、スポンサー企業との契約、IOC（国際オリンピック委員会）の意向、国家の威信、景気浮揚、総選挙での勝利、政権の存続といった諸理由がない交ぜとなり、今や東京五輪開催の可否はコロナ対策次第という様相を呈している。東京大会はメガ・スポーツベントというよりは、政治・経済イベントとコロナ感染防止大会となってしまった。

　2022年2月に開催予定の北京冬季五輪と平仄を合わせるためにも、東京五輪はどんな形であれ開催されるであろう。そして、政府、東京都、IOC・大会組織委員会（組織委）は「感動」をキーワードに大会の成功を巧みに演出するであろうし、その役回りを演じる（演じさせられる）のは選手たちであろう。

　たとえ参加選手の制約や準備不足、パフォーマンス発揮の低下があったとしても、開催したこと自体成功であったと持ち上げられ、真偽を脇に置いた形での「コロナに打ち勝った証し」が前面に打ち出され、祭り上げられるのであろう。さらには、そのことが最大のレガシーとして喧伝され、一定の世

論の支持を得て大会は終わるのであろう。

　そこには開催を絶対視する前提で、スポーツを政治や市場の戦略的行為のための道具として徹底的に使い倒そうとする政治・政府の意思決定がある。

　本書では、政府（国）、東京都、IOC・組織委、スポンサー企業といった中枢（主要）アクターに焦点を当て、ガバナンス、政策実施プロセス、政策ネットワーク、コア・エグゼクティブといった視点から、一連の諸行為に見られる特徴を明らかにした。

　第1章「東京五輪延期のガバナンスプロセス」では、東京五輪の1年延期をめぐり、延期決定に至る1カ月半（「2020年2月18日―3月25日」）の意思決定過程（意思決定機関）の特徴を把握した。IOC、組織委、都、政府（国）、JOC（日本オリンピック委員会）、IF（国際競技団体）、NF（国内競技団体）、各国・地域の五輪委員会、スポンサー企業、放映権者など、ネットワークとしてのガバナンス形態を色濃く有している。

　一方で、IOC委員個人や競技者個人、NFといった中枢外・周縁に位置づけられる関係者・組織からの発言が中枢アクターの意思決定に大きな影響を及ぼした。また、日本国内におけるガバナンスプロセスでは政府主導、とりわけ首相と組織委会長による個人レベルの影響による意思決定が目立った。

　第2章「東京五輪延期の論点」では、大会の延期を政策実施研究の視点、すなわち、政策トップダウン型とボトムアップ型の違い、摩擦と透明性が及ぼす影響の違い、ブランド化の形態、組織間ネットワークから捉えた。次に、延期決定前の段階での批判的見地から提示された課題、1年の延期決定後に明らかとなった論点を把握・整理した。

　そして、開催目標の再設定が不可欠だとして、無観客東京五輪を提案するに至った。選手・スタッフなど関係者が無事五輪に参加し、感染者を出さずに大会を終え、無事に出身国・地域に戻すという運営自体が至難な技ではあるものの、これを主軸に据えるという結論に達した。

　第3章「東京五輪の国家事業への変質」では、2020年5月から同年9月までの4カ月間に注目し、この間の東京大会準備の経緯には、①開催都市であ

る東京都の存在が霞んだこと、②IOC（会長や調整委員長）による促し・チェック・監視というべき複数の声明や発言が相当な影響力を及ぼしたこと、③その背景にはIOCと契約し五輪資金の大口の「出資者」である放映権者やスポンサー企業の存在があること、④開催の可否はもちろん、開催する際の運営の中身は打ち出せないという考え方が前提にあったこと、⑤東京五輪の1年延期での開催が国家の約束事となったこと、の五つを見出した。

　さらに、①政策変更において政府のコロナ対策調整会議は下部組織の内部・外部から揺さぶりを受ける可能性があること、②IOCなど東京五輪関係組織はコロナ禍という歴史的な難題に直面していること、③コロナ対策が分野や管理の境界を超えた複雑なマネジメント課題の解決に至る可能性があること、④調整会議には官僚的価値と民主的価値との間の緊張緩和が求められること、⑤中止回避を大前提とした「ウィズコロナ」の東京大会の実現という東京五輪のメタ政策そのものに問題があること、の五つを指摘した。

　第4章「東京五輪の政府中枢による管理の特質」では、2020年9月23日に第2回調整会議における東京五輪コロナ対策の各論の提示こそが、大会準備をめぐる最も顕著な状況変化と位置づけた。事務方の内閣官房副長官を議長とし、IOCの実務を担う組織委、開催都市の東京都、厚労省、経産省、外務省、出入国在留管理庁やスポーツ庁といった省庁を束ねる会議構成となっている調整会議には、東京五輪開催ありきの前提があった。

　また、大会推進本部、コロナ対策推進室、国家安全保障局といった東京五輪コロナ対策をめぐる要のポジションが内閣官房によって占められている。調整会議は典型的な政府中枢（コア・エグゼクティブ）組織であり、事実上、首相の意思を忠実に後押しする首相実務会議だとした。

　第5章「東京五輪変質の帰結」では、2013年9月の東京大会決定以降、筆者なりに取り組んで来た7年間の研究の変遷を振り返り、その時々の知見を要約・提示する。それは同時に東京五輪準備プロセスの変容・変質である。取り上げるのは、招致活動、復興五輪、スポーツ庁設置、新国立競技場建設費問題、大会直接経費と関連経費、スポーツ団体の不祥事とガバナンスコー

ドの策定、会計検査院による問題提起と政府の応答、競技施設の後利用問題、東京五輪ガバナンスなどである。

　本書のタイトルに盛り込んだ「変質」については、そのほとんどがネガティブなものであったといわざるを得ない。平和の祭典、各国間の友好と協調、公正と正義、規律と高潔、連携・協力といった五輪の理念、そして、復興五輪、アスリートファースト、スポーツ団体の自治・自律、「感動で私たちは一つになる」といった東京大会の理念が、現実には瓦解してしまったことを意味している。

　たとえコロナ禍に直面していなかったとしても、こうした五輪の理念は表層を装飾する役目を果たしたに過ぎなかったであろう。本書において、とくに1984年ロサンゼルス大会以降の商業五輪も含め、IOCや政府が膨大な利害や果実を最優先する誤謬を、ある程度は浮き彫りにできたのではないだろうか。

　なお、各章に記載している組織の名称や所属・肩書きについては、いずれも各々の執筆時点のものである。

　刊行にあたって、成文堂編集部の篠﨑雄彦氏は、『2020年東京オリンピックの研究―メガ・スポーツイベントの虚と実―』、『2020年東京オリンピックを問う―自治の終焉、統治の歪み―』に続き、今回に至るまで多大な励ましを継続してくださり、大変な労を取ってくださった。誠実かつ真摯な出版人である篠﨑氏との出会いがなければ、東京五輪研究の"三部作"を世に出すことはかなわなかったであろう。ここに重ねて心から感謝の意を表したい。

2020年12月

中　村　祐　司

初出一覧

第1章　原題「2020年東京オリンピック延期のガバナンスプロセス」(『地域デザイン科学』第8号、2020年)

第2章　原題「2020年東京オリンピック延期の論点―政策実施研究の視点から―」(『地域デザイン科学』第8号、2020年)

第3章　原題「2020年東京オリンピックの国家事業への変質」(『地域デザイン科学』第9号、2021年)

第4章　原題「2020年東京オリンピックの政府中枢による管理の特質」(『地域デザイン科学』第9号、2021年)

第5章　原題「メガ・スポーツイベントの虚と実」(日本スポーツ法学会第28回大会「オリンピック・パラリンピックの法的課題」報告提出原稿。2020年12月19日)

目　　次

第1章　東京延期のガバナンスプロセス

1　近代オリンピック史上例のない延期

　本稿の目的は、2020年東京オリンピック（以下、東京五輪）の1年延期を対象に、延期決定に至った諸アクター間のガバナンスプロセスに焦点を当て、その特徴を明らかにすることである。ここでいうガバナンスプロセスとは、新型コロナウイルス（新型コロナ）の感染拡大に直面する中で、東京五輪における主要アクターである国際オリンピック委員会（IOC）、大会組織委員会（組織委）、政府（国）、東京都の間で繰り広げられた、開催や大会のあり方をめぐる両軸の考え方（一方では予定通りの「完全な形」での実施という軸、他方では中止という軸）の間で展開された、ガバナンスにおける相互影響力行使の動態のプロセスを指す。

　2013年9月の東京五輪の開催決定以後、エンブレム、新国立競技場建設、会場地変更（集中型から分散型へ）、招致をめぐる収賄疑惑、スポーツ団体の不祥事、大会経費、マラソン・競歩の札幌移転など数々の問題に直面したものの、主要アクターはそれらをどうにかすり抜けるように対処し、開催を数カ月後に控えた2020年2月の段階では、少なくとも運営面における準備はほぼ整っていた。

　ところが2020年2月中旬以降、新型コロナの感染拡大により、最終局面において東京五輪開催という政策実施プログラムの実現が根幹から揺さぶられる事態に陥った。そして遂には、同年3月24日に近代オリンピック史上例のない、大会延期という意思決定が行われた。しかもその意思決定に上記以外のアクター（IF＝国際競技連盟、NF＝国内競技連盟、各国五輪委員会、選手個人など）

が影響を及ぼした。一方で、日本の選手や各競技団体の声を反映する役割を負うはずの日本オリンピック委員会（JOC）は、蚊帳の外に置かれ、何の発信もしなかったし、しようともしなかった。

東京五輪開催という大規模スポーツ事業の準備プロセスを、時系列としての政策実施の局面から捉えるなら、2016年大会の招致活動を除けば、2013年9月の20年大会決定の2年前である2011年に遡ることができる。立案から2年後に開催が決定し、そこからほぼ6年以上かけて組織委を中心に政策実施におけるハード面・ソフト面における膨大な中身を詰めてきたことになる。したがって、2020年2月はいわば政策実施の総仕上げの段階であり、準備はほぼ終わっていた段階なのである。

延期の場合、単に開催時期がずれたという単純な問題ではなく、それにともなう調整の実務は膨大な量となり、山積する課題は後を絶たない。しかも延期は、近代オリンピック史上、先例から学ぶことができない類のもので、いわば未知の領域において手探りで進んでいかなければならない類のものである。さらには、世界的に新型コロナの収束・終息がなかなか見通せない状況（本稿執筆時は2020年5月中旬）の中で、1年後の開催が可能かどうか、極めて不確実性が高いといえる。それほどに今回の1年延期という決定は五輪史上かつてない重い課題を抱えており、その意味で、このプロセスにおける諸要素・事実を追い、その特質を明らかにすることは、資料的な価値に加えてガバナンスプロセスの変容研究としても意義があると思われる。

以下、本稿では、第2節で東京五輪開催をめぐるガバナンスプロセスの考察にとって有用だと考えられる、ガバナンスをめぐる三つの理論研究を紹介する。

次に、1カ月余りの対象期間を新聞掲載日にもとづいて2020年2月18日から2月28日まで、3月1日から3月14日まで、3月15日から3月25日までの三つの期間に区分けし、各々の時期における関係組織・関係者の事実行為を、新聞報道を情報源として抽出し提示する（第3節、第4節、第5節）。

そして、第6節では1年延期への道筋が政権の主導によって敷かれた事実

を押さえる。同節において理論研究の知見を用いながら東京五輪をめぐるガ
バナンスの特徴を指摘し、第7節では上記期間中にみられたガバナンス変容
の特質を探ることとする。

2 ネットワークガバナンス、官僚制、周縁

（1）ガバナンスの一形態としてのネットワーク

　ビビアン・ローデスとクリス・スケルチャー（Vivien Lowndes and Chris
Skelcher）は、ガバナンスについて市場、ヒエラルヒー、ネットワークと
いった三つの形態（モード）を提示した（表1）。

　市場モードのガバナンスは、所有権をめぐる契約関係を中心に展開する。
ここでは価格のメカニズムが当事者の間での関係を成立させ、摩擦や紛争が
生じた場合には債務の負担をめぐり交渉や訴訟に及ぶ場合がある。市場は、

表1　ガバナンスの三形態―市場、ヒエラルヒー、ネットワーク―

	市　場	ヒエラルヒー	ネットワーク
規準となる土台	契約・所有権	雇用関係	相互補完力
コミュニケーション媒体	価格	定例の仕事	関係性
摩擦・紛争の解決方法	交渉・訴訟	管理的な命令・監督	相互依存・評価という規準
柔軟性の程度	高位	低位	中位
当事者間での誓約の程度	低位	中位	高位
気質あるいは気風	厳密かつ疑義（あるいはどちらか一方）	形式的・官僚的	限定されない相互利益
アクターの選好もしくは選択の幅	独自的	依存的	相互依存的

資料：Vivien Lowndes and Chris Skelcher），"The Dynamics of Multi-Organizational Partnerships; An
Analysis of Changing Modes of Governance," *Public Governance, Volume 2*, Mark Bevir ed.（SAGE
Publications Ltd, London, 2007), p.214. を日本語訳。

互いに競争関係にあり、共同事業の締結をめぐり疑義が生じ得る環境におい
て、諸アクターに対して連携を結ぶ意思決定では高度な柔軟性が与えられ
る。市場モードでは、本質的に市場関係者は独自に選好を行い、自らの利益
見込みを認識した際にのみ共同関係を選択する。

　ヒエラルヒーモードのガバナンスは、少なくとも理論的には、市場におい
て直面する調整や共同の問題を克服する。権威的な統合および監督の構造に
よって、官僚的な定例業務が課せられ、調整や命令を通じて実施される。そ
して、官僚組織内で継続される雇用関係において、スタッフによる誓約は一
定程度達成される。しかし、負の側面として、形式化と定例化によって柔軟
性や革新性が減じられる点が挙げられる。

　ネットワークモードのガバナンスは、諸アクターが相互補完的な利害を明
らかにできるという見方にもとづく。信頼、忠誠、互恵にもとづく相互依存
関係が共同活動の展開や継続を可能にする。互いにボランタリーな関係であ
ることによって、ネットワークは長期にわたるメンバーの忠誠を維持する。
摩擦や紛争はネットワーク内におけるメンバーの間での評価にもとづいて解
決される[1]。

（2）ネットワーク官僚制

　マーク・コンシディンとジェニー・ルイス（Mark Considine and Jenny
Lewis）は、ガバナンスの四つの類型として、法務官僚制、組織官僚制、市
場官僚制に加え、新たにネットワーク官僚制（Network Bureaucracy）を挙げ
た。ネットワーク官僚制では、論拠を法律、管理運営、競争に置く前三者と
は異なり、文化的な考えが論拠とされ、共同による生産と柔軟な価値観が重
視され、サービス対象の焦点は顧客に向けられる。

　市場官僚制では支援の調達、情報の共有、新技術への投資、共通のサービ

1　Vivien Lowndes and Chris Skelcher, "The Dynamics of Multi-Organizational Partnerships;
An Analysis of Changing Modes of Governance," *Public Governance, Volume 2*, Mark Bevir
ed,（SAGE Publications Ltd, London, 2007）, pp.214-215.）

ス水準の提供、供給者および顧客の個々のニーズへの注力ができないとした
上で、ネットワーク官僚制は、こうした潜在的に搾取性のある環境を回避
し、収斂性のある特性としての相互依存を提唱する。

　ネットワーク官僚制は、執行効率、コスト削減、計画策定といった従来の
概念にではなく、その関心の焦点をサービスが生み出される繰り返しのプロ
セスに当てる。ネットワーク官僚制は、個々人あるいは小規模群の顧客に対
してサービスが「仕立てられる（tailored）」プロセスの形成や、協同生産者
による組織間の網においてコストが共有されるプロセスの形成に注目する。
こうした新たなプロセス分析においては、生産の一形態としての公共サービ
スをめぐる古い定義が、供給、投資、配分、消費といった論点につながるの
を妨げるという問題意識がある。生産をめぐる古い教義では、理論的にも実
証的にも公共組織を作用の領域から切り離してしまう。多くのサービスは、
同一のプロセスにおいて生産され、執行され、消費され、しばしば共同生産
者としての消費者の参加を伴うものなのである。

　ネットワーク官僚制の行為者は、供給者、共同生産者、消費者の間での効
果的なつながりを作る上で直接の責任を担う当該地域スタッフである。彼ら
は、所属部局や所属組織の間を行き来して、ヒエラルヒー組織の中で上がっ
たり下がったりする。そして、サービスの供給者と配分者の情報システムを
横断する。少なくとも理論的には、このことは、一定のマトリックス化され
た非常に柔軟なヒエラルヒー組織を出現させる。すなわち、このプロセスの
担い手は、供給者と消費者の連鎖を短く見せる任務を持っているのである。
担当スタッフは、資源を結集するために順応性のある技術を用いながら、
サービス向上に向けて官と民の発案をうまく結合しながら、プログラムの目
的とサービス実施における個々のシステムとをつなぐ存在とみられるのであ
る[2]。

2　Mark Considine and Jenny Lewis, "Governance at Ground Level :The Frontline Bureaucrat
in the Age of Markets and Networks," *Public Governance, Volume 2,* Mark Bevir ed. (SAGE
Publications Ltd, London, 2007), pp.275-281.)

（3）中枢外・周縁のネットワーク分析

　マーク・ベビル（Mark Bevir）によれば、ネットワークとしてのガバナンスをめぐる説明のほとんどは、当該の政策ネットワークの実際の特徴やその政治的な市場独占に焦点が当てられており、その意味で大ざっぱな実証研究となってしまっている。それとは対照的に「中枢外・周縁に焦点を当てたガバナンス分析（a decentered analysis of governance）」においては、意義を生み出そうとする個人の力量によるネットワークの社会的構築に焦点が当てられる。

　この中枢外・周縁アプローチは、人々の信念にもとづく行動によって、社会生活、組織、政策が形成され、継続され、修正される態様の検証を促進する。ここでいうところの人々の信念とは、自己利益にもとづくものでも組織利益にもとづくものでもなく、人々が難局への応答として、古い行動様式を修正するプロセスから生じるものである[3]。

3　予定通りの開催への固執（2020年2月18日 - 2月28日）

　組織委は2020年2月4日、新型肺炎の対策本部を設置し、13、14日にはIOCと協議し、大会を予定通り実施すると確認した。14日の会見でIOCのジョン・コーツ調整委員長は「日本の公衆衛生当局を信頼している」と強調した。2月17日、組織委は「安心で安全な大会に向けて関係機関などと密接に連携していく」との談話を出し、都幹部も7月24日の「開催を前提に進める」と話した[4]。しかし、この頃から、組織委にはIOCの最上位スポンサーの欧米や中国の企業から「招待客を訪日させても大丈夫か」との問い合わせが入るようになっていた[5]。開催予定のバレーボールや自転車など複数のテ

3　Mark Bevir, A Decentred Theory of Governance," *Public Governance, Volume 1,* Mark Bevir ed. (SAGE Publications Ltd, London, 2007), pp.342-343.)
4　2020年2月18日付東京新聞「都『五輪開催前提』に進める」。なお、本稿の註に掲載の新聞各紙はすべて朝刊である。
5　2020年2月19日付朝日新聞「新型肺炎　厳戒」。

スト大会や親善試合などで、出場予定だった海外の選手やチームに、来日を敬遠するような動きが出始めた。ホストタウンでも、一部の交流事業が既に中止に追い込まれていた[6]。

　IOCや日本政府、組織委、世界保健機関（WHO）などは実務担当者の作業部会を設置した[7]。モンゴルのアーチェリー代表チームは、2月19日から愛知県岡崎市で予定していたキャンプを中止した。モンゴル政府の方針で監督や選手が渡航を断念したのである[8]。日本財団ボランティアサポートセンターは2月19日、2～3月に予定されていた東京五輪に向けた主に企業向けの英語のボランティア研修などを中止、延期すると発表した[9]。ロンドン市長選に立候補を表明している新人の候補者が「東京で五輪が開けなくなったら（2012年に開催した）ロンドンが引き受ける」との考えを示した。現職市長側もロンドンが代替地となる姿勢を見せた[10]。

　政府は2月20日、22日に東京・有明で開催を予定していた東京五輪に向けたイベント「ホストタウンサミット2020」を中止すると発表した[11]。組織委と都は2月21日、新型コロナの感染拡大の防止策として、22日以降に実施予定だった大会ボランティア、都市ボランティアの共通研修をそれぞれ5月以降に延期すると発表した[12]。スポーツ庁と内閣官房は2月21日、日本オリンピック委員会（JOC）、日本障がい者スポーツ協会、組織委に対して、東京五輪の日本代表選考会やテスト大会を開催する際は、観客数の縮小の検討や衛生管理を徹底するなどの対策を要請する文書を公表した[13]。

　橋本五輪担当相は2月21日の閣議後の記者会見で、沿道に多くの人が集まる聖火リレーで感染が広がらないよう配慮を求めた。聖火リレーの実施につ

6　2020年2月23日付下野新聞「自粛ムード、五輪にも影」。
7　2020年3月5日付日本経済新聞「東京五輪、WHOと連携」。
8　2020年2月19日付下野新聞「五輪への影響　じわり」。
9　2020年2月20日付東京新聞「日本財団ボラサポ研修中止」。
10　2020年2月21日付朝日新聞「五輪『引き受ける用意ある』」。
11　2020年2月21日付下野新聞「ホストタウンサミット中止」。
12　2020年2月22日付読売新聞「ボランティア研修延期」。
13　2020年2月22日付東京新聞「選考会観客　縮小検討を」。

いては「予定した通り」と述べた[14]。米タイム誌が2月20日、五輪が感染拡大に影響されることはないとする安倍晋三首相の主張を完全には信用できない、とする米識者の声を伝えた。菅義偉官房長官は同21日、予定通り開催する方針を強調し、着実に準備を進めるとした[15]。

　米誌ニューズウィークは「五輪はキャンセルか？」との見出しで記事を掲載した。WHOは「いかなる行事についても、開催の是非について助言する役割は担っていない」として、中止や延期は主権者が決定すべきことだと強調した[16]。

　IOCで1978年から委員を務める最古参のディック・パウンド氏（カナダ）がインタビューに応じ、開催是非の判断の期限は引き延ばせて5月下旬との見方を示した。また、準備期間の短さから他都市での代替開催や分散開催は難しいと指摘した[17]。この発言に対して組織委は2月26日、「IOCに照会した結果『（1委員の）推測にすぎない』『IOCの公の見解ではない』と明言している」とし、期限が設定された事実はないと否定した[18]。

　コロンビア政府が日本からの渡航者の入国管理措置を決定したことを受けて、同国の卓球と体操チームが2月26日、ホストタウンの北九州市に28日から予定していた事前合宿の取りやめを連絡してきた。同国の柔道チームも3月15日から合宿を予定していた埼玉県加須市に中止を伝えた。

　米タイム誌は「東京五輪は新型コロナウイルスの犠牲になるか」と題して、大会モットーである「United by Emotion（感動で、私たちは一つになる）」を引き合いに出し、「今日もし世界をつなぐ感情があるとすれば、それは恐怖かもしれない」と伝えた。IOCは、「東京五輪は計画通り。感染症対策は重要な計画の一部で、関係機関が連携して取り組んでいる。我々は関係機関、とりわけ日本と中国当局が適切に処理していると確信している」とコメ

14　2020年2月22日付毎日新聞「新型肺炎　影響拡大」。
15　2020年2月22日産経新聞「五輪　米欧で危ぶむ声」。
16　2020年2月24日付産経新聞「新型肺炎　聖火リレーに影響は」。
17　2020年2月26日付下野新聞「五輪開催　判断期限5月か」。
18　2020年2月27日付下野新聞「五輪判断5月　発言が波紋」。

ントした[19]。

　自民党幹部は記者団に「最悪の場合は、観客を入れないことはあるかもしれない」と指摘した。政府関係者は「開幕の2カ月前には選手が来日する」として、中止や延期を避けるためには、5月までに感染を終息させる必要があるとの認識を示した[20]。東京都幹部の一人は東京五輪のマラソン・競歩会場が札幌に移ったことに触れ、「IOCは世論をものすごく気にする組織。中止という判断もありえると思う」と言及した[21]。

　2月26日、安倍首相は国内のスポーツ・文化イベントを2週間自粛するよう要請した。サッカーJリーグは公式戦が延期され、プロ野球も開幕が延期、大相撲春場所は無観客での開催となった。ほとんどの学校も一斉休校になり、各種スポーツ大会の自粛ムードは広がった[22]。

　IOC調整委員会のジョン・コーツ委員長が、五輪を予定通り開催するかを3カ月以内に判断するとの姿勢を示した。IOCのバッハ会長は2月27日、日本メディアとの電話会見に応じ、「憶測の炎に油を注ぐことはしない」と話した。コーツ委員長らの発言や、中止や延期する選択肢についての質問には答えなかった[23]。バッハ会長は2月27日、「7月24日に東京で五輪開会式が行われることを確信しており、その成功のため多くの機関や政府と協力し、努力を傾注している」と語り、東京五輪の中止や延期、開催地変更を検討していることを否定した。現時点での焦点は、五輪に向けた選手選考会の開催と選手を守ることだとし、選考会の開催地変更や延期など、「直面している事態に対する努力」に感謝した。中国が代表レベルの選手を他国に避難させ、そこから国際大会に出場させていることなどを事例に引いた[24]。

19　2020年2月27日付毎日新聞「『五輪中止論』日本ピリピリ」。
20　2020年2月27日付産経新聞「五輪開催　5月までに判断か」。
21　2020年2月27日付朝日新聞「五輪『予定通り実施』組織委」。
22　2020年2月27日付朝日新聞「最古参IOC委員　発言の重み」および2020年3月10日付毎日新聞「コロナ　難しい沿道対策」。
23　2020年2月28日付朝日新聞「五輪『3カ月以内に判断』」。

　先述のディック・パウンド氏が新型コロナの感染拡大を受け、東京五輪の開催を1年延期する可能性について言及した[25]。

　以上のように、この間のガバナンスの特徴は、IOCと政府、組織委とが予定通りの開催で一致し、新型コロナの感染拡大の影響は受けないとの姿勢を示し続けたという点にある。その意味で主要アクター間での摩擦は存在しなかった。そして、7月24日開催を疑問視する声が海外メディアや関係者（IOC委員）、政府内（自民党）や組織委の個人から出始め、代表チームのキャンプ中止、関連イベントの中止が相次ぎ始めたものの、それらはいわば種火のように小出しにされる状況にあり、IOC、政府、組織委はその火消しに追われ始めたという期間であった。

4　ガバナンス内の動揺（2020年3月1日 - 3月14日）

　橋本五輪相は、「1年延期」は4年に1度の祭典に合わせて仕上げる選手の立場からすると「あり得ない」と指摘した。開催地変更も準備が間に合わないことから非現実的とみなした。政府関係者は「IOCは、やるかやらないかの2択だろう」と述べた。大会関係者は「今後、WHOが五輪に関して、どのような見解を出すのかが大きいのではないか」と推測した[26]。IOCは3月3日、緊急声明を発表し「全ての選手に東京五輪に向けた準備を続けるよう促す。IOC理事会は五輪の成功のために全面的に協力する」と、予定通り大会を実施する方針を改めて強調した[27]。

　組織委は3月4日、IOCの理事会にテレビ会議形式で参加し、準備状況を報告した。予定通り大会を開催することを確認するとともに、3月26日にスタートする国内聖火リレーは感染症対策（イベント会場への入場制限や沿道で

24　2020年2月28日付読売新聞「IOC会長　五輪中止を否定」。
25　2020年2月28日付産経新聞「IOC委員『五輪、来年に延期も』」。
26　2020年3月1日付産経新聞「東京五輪　憶測やまず」。
27　2020年3月4日付下野新聞「東京五輪へ選手準備を」。

の応援自粛、ランナーやスタッフには検温を実施するなど）を徹底するとした。バッハ会長は「（大会開催に）ますます確信を持った」と述べた[28]。

　3月4日、2日間の理事会終了後の記者会見でバッハ会長は、「中止や延期という言葉は理事会では出ていない」と述べ、予定通り7月24日に開幕させる考えを強調した。そして、「我々は課題に直面しているが、ここまでの五輪関係者の連帯を誇らしく思っている」と述べた[29]。IOCは感染拡大による影響で、五輪予選に出場できない有力選手については、「予選に参加すれば突破確実と国際競技連盟が判断する選手のため、最終的に全体の参加枠を増やす」といった特例により、本大会出場を認める救済措置を検討するとした。適用するかどうかは、国際競技連盟と協議し、個別に判断するとした[30]。

　3月5日、WHOと東京五輪で実施される競技を統括する各国際連盟の医療担当者が行った電話会議で、東京五輪を無観客で実施した場合のリスクや利点について検討されていた、とニューヨーク・タイムズが報じた[31]。SMBC日興証券は3月10日、五輪が中止となった場合、6560億円の損失が見込まれるとした。組織委が輸送や警備などに投じる大会運営費として見込む4760億円のほか、国内外の観戦客の飲食費などの支出約1800億円を積算した[32]。

28　2020年3月5日付毎日新聞「IOC『五輪予定通り』」。
29　2020年3月6日付読売新聞「大会運営　影響懸念」。
30　2020年3月6日付朝日新聞「五輪開催めぐり IOC 会長強調」。
31　2020年3月7日付下野新聞「WHOと競技団体　無観客五輪を検討」。
32　2020年3月14日付毎日新聞「五輪延期阻止　政府躍起」。SMBCによる別の試算によると、感染拡大が7月まで続き、東京五輪が中止に追い込まれた場合、国内総生産（GDP）は約7.8兆円減少、成長率は約1.4%下押しされる。このうち約6600億円は東京五輪開催中に見込まれる大会運営費や、訪日外国人観光客を含む顧客の食費などの経済効果が失われる直接的な影響だとした。中止の場合のGDP影響試算の内訳（金額はすべてマイナス）は、①訪日外国人観光客の減少（1兆3100億円）、②日本人の海外旅行の減少（6000億円）、③中国への輸出減少（1兆500億円）、④中国からの輸入減少（4兆5000億円）、⑤国内の消費手控え（9兆8800億円）、五輪の大会運営費（6600億円）とされ、合計（①−②+③−④+⑤+⑥）は7兆8000億円と算出された。また、NTTなど通信大手は東京五輪で3次元（3D）の立体映像、第5世代（5G）移動通信システムを活用する予定だが、延期となれば先進性も色あせるおそれがある。担当者は

　組織委の高橋治之理事（元電通専務）が 3 月 11 日、大会を 1 ～ 2 年後の夏に延期するプランを考えるべきだとの見解を示した。高橋氏は「コロナウイルスは世界的な問題になっている。日本が大丈夫ならそれで開催できるわけではない」とした上で、他の国際的スポーツイベントの日程が埋まっていることから、「2 年後の夏が一番可能性がある」と発言した。大会中止の可能性は「あり得ない。放映権料などが入らなくなった場合、IOC の財政が危うくなる」と話した[33]。

　トランプ米大統領は 3 月 12 日（米東部時間）、東京五輪について「無観客で実施するよりも 1 年間延長する方が良い選択肢だ」とホワイトハウスで記者団に語った。「会場に観客が入れないという事態は想像できない」「（五輪が中止になれば）本当にひどい話だ。私もかつて不動産業に携わったが、彼らは本当に美しい施設を建設したのだから」「私は観客がいない状態で競技を行うよりは、1 年延期する方が良い代替案だと思う」と述べた。橋本五輪相は閣議後記者会見で、「IOC も組織委も延期や中止は一切検討していない」と反論した。観客の人数を制限して開催することについても「全く考えていない」と否定した。同日、バッハ会長は「WHO の助言に従う」と述べた[34]。

　組織委の幹部は「延期するなら準備に 2 年は必要」とし、五輪憲章が夏季大会を「オリンピアード」と呼ばれる 4 年周期の最初の年に開催すると定めていることに触れ、「憲法に違反するようなものなので、来年以降への延期はないだろう。予定通り開催するか、中止するかのどちらかでは」と予想した。別の組織委幹部は、「われわれは IOC の下請けでしかない。延期も中止も決められる立場にない」と述べた[35]。

　　「五輪以上に 5 G を分かりやすくお披露目できる場はないのに」と述べた。別の関係者は「単に企業活動がどうなるかというより、日本発で世界に発信する新しい社会の仕組みづくり、レガシーづくりがつまずくことの影響が大きいのではないか」と述べた（2020 年 3 月 14 日付下野新聞「五輪延期論　企業は恐々」）。

33　2020 年 3 月 12 日付朝日新聞「組織委理事『個人的見解』」。

34　2020 年 3 月 14 日付読売新聞「五輪へ努力　米が評価」および 2020 年 3 月 14 日付毎日新聞「五輪 1 年延期提案」。

35　2020 年 3 月 14 日付東京新聞「『中止だけは避けたい』」。

　ギリシャ五輪委員会は3月13日、ギリシャ国内で行われている東京五輪聖火リレーの中止を決めた。19日の日本側への聖火引き継ぎ式は無観客で行うとして、聖火は空路で日本に向かう予定だとした[36]。これに対して橋本五輪相は「IOCも組織委も延期や中止は一切検討していない」と力説した。組織委の武藤敏郎事務総長は3月13日、26日に始まる国内聖火リレーについて「予定通り実施する方針に変わりはない」と述べた[37]。

　以上のように、この期間では、通常開催に対する否定的な見解が、主要アクター群内部からも出始め、その周縁からも否定的な複数の見解が顕在化するようになった。それに対してあくまでも予定通りの開催に固執するスタンスは維持しつつも、IOC、政府、組織委は一枚岩の結束を装うものの、ガバナンス内部での動揺を隠しきれなくなった期間として特徴づけられる。

5　ガバナンス内外の動揺（2020年3月15日‐3月25日）

　組織委幹部は「中止や延期が決まっていない以上、粛々と準備を進めるしかない」と語った[38]。共同通信社の世論調査で、7月からの東京五輪・パラリンピックは「開催できないと思う」との回答者が69.9%に上った。「できると思う」は24.5%であった[39]。7月に予定通りの開催を目指すものの、世界的に感染が終息しない場合は延期してでも「完全な開催」にこぎつけたい、との政権の思惑を指摘する声も出始めた[40]。

　フランス・オリンピック委員会のマセリア会長は3月16日、新型コロナの感染拡大が6月以降も続けば7月24日開幕予定の東京五輪開催は難しいとの考えを示した[41]。安倍首相は3月17日、主要7カ国（G7）首脳のテレビ会議

36　2020年3月14日付読売新聞「ギリシャ　聖火リレー中止」。
37　2020年3月14日付下野新聞「米大統領が五輪延期案」。
38　2020年3月15日付日本経済新聞「コロナ危機　行事、大幅縮小」。
39　2020年3月17日付下野新聞「五輪『開催できない』69%」。
40　2020年3月18日付毎日新聞「五輪　広がる延期論」。
41　2020年3月18日付東京新聞「6月以降終息では五輪の開催は困難」。

の後、首相官邸で記者団に対し「完全な形で実現することでG7の支持を得た」と述べた。萩生田光一文部科学相は同日の閣議後の記者会見で、無観客や規模を縮小しての開催はないとの考えを示した。東京都の小池百合子知事は3月13日に記者団に対し「中止はあり得ない。無観客もあり得ない」と話し、この発言は延期を否定しなかったと受け止められた[42]。

　IOCは3月17日、臨時理事会と各国国際競技連盟（IF）との合同会議を開き、予定通りに開催する方針を再確認した。IOCは「東京五輪に向けて変わらず全力を尽くす。大会まで4カ月以上ある現段階で抜本的な決定を下す必要はない。いかなる推測も逆効果だ」との声明を発表した。しかし、スペイン・オリンピック委員会のブランコ会長は17日、新型コロナの感染拡大で自国選手が練習できず「不平等な状況が生じる」とし、東京五輪を延期すべきだとの見解を示した。東京五輪で陸上女子棒高跳びの2連覇が懸かるエカテリニ・ステファニディ（ギリシャ）はIOCの17日の声明を受けて、ツイッターに「IOCは私たちの健康を脅かしたいのか」と記載した[43]。一方、IOC内部からも通常開催に異論が出始め、五輪4連覇したアイスホッケー女子元カナダ代表でIOC委員のヘーリー・ウィッケンハイザー氏はツイッターで、「練習施設が閉鎖され、選手はあすどこで練習できるかわからない。この状態で開催に向かうのは無神経で無責任」と批判した[44]。

　IOCバッハ会長は3月18日、各国・地域の選手を代表するアスリート委員のメンバーら約220人と電話会議を開き、中止や延期が相次いでいる東京五輪の選考会について意見交換した。アスリート側からは不安を訴える声が上がったが、東京五輪の中止や延期を求める意見は出なかった。IOCアスリート委員長のカースティ・コベントリー氏（ジンバブエ）は、アスリート委員から予定通り7月開幕を望む声が複数上がったとし、「頼もしかった」と語った。一方、海外の元選手たちが声を上げ始めた。ボートで4大会連続金

42　2020年3月18日付日本経済新聞「五輪予選　対応を協議」。
43　2002年3月19日付下野新聞「五輪『予定通り』確認」。
44　2020年3月19日付毎日新聞「選手のため　延期論浮上」。

メダルに輝いた英国のマシュー・ピンセント氏は、自身のツイッターでバッハ会長を「鈍感だ」と指摘した。「安全と選手の練習や移動は両立しない。選手や観客の安全のためにも、中止するべきだ」と主張した。

　2019年の陸上世界選手権で女子七種競技を制したカタリーナ・ジョンソン・トンプソン（英国）は公共施設の閉鎖などがあるとし、「IOCと地元政府の情報は合致していない。トレーニングに重圧を感じて、同じルーティンを維持するのは不可能だ」と記した。これに対してJOCの山下泰裕会長は選手からも聞こえてきた不安について、「アスリート全体の声かというと疑問。多くは何とか安全安心な形で五輪が開かれてほしいと思っていることは間違いない」との見解を表明した[45]。

　IOCは3月19日、アジア各国・地域の国内オリンピック委員会（NOC）と電話協議した。JOCを含むアジアの約40のNOCは計画通りの開催を目指すIOCの方針に賛同した。中止や延期を求める意見は出なかった。参加したJOCの山下会長は「IOCに賛成。世界中の選手が安全安心に参加できるように全力を尽くす」と述べた[46]。

　複数の米メディアが3月18日、東京五輪の中止や延期を求める記事を掲載した。世界中から選手や観客が集まる五輪は「ウイルスの汚染地帯」になると指摘し、「世界的大流行の中での開催は極めて無責任」と、予定通りの開催を表明したIOCや日本政府の対応を批判した[47]。

　JOC理事の山口香氏が3月19日、「アスリートが満足に準備できない今の状況では延期すべき」と語った。山口氏は、7月の開幕姿勢を崩していないIOCを「アスリートを危険にさらしている」と批判した。「選手がトレーニ

45　2020年3月20日付東京新聞「日本代表250人　選考見通せず」。延期が決まると、組織委内部やトライアスロン、馬術など一部のIFから東京の夏の猛暑を懸念して春の開催を求める意見が上がった。しかし選手側の立場に立つはずのJOCは一向に動かなかった。開催時期をどうすべきかについて、何のメッセージも発信できないまま新日程が決まり、ある国内競技団体の幹部は「JOCは本当に何もしなかった」と嘆いたという（2020年4月1日付毎日新聞「JOC存在感示せず」）。

46　2020年3月20日付毎日新聞「アジア各国委通常開催賛同」。

47　2020年3月20日付読売新聞「五輪の中止・延期米メディア主張」。

ングを続けられる状況にあると思えない。この状況で『準備を続けてほしい』と言う IOC は、アスリートよりも違うところを見ているのでは、と言われても仕方がない」と語った[48]。

　IOC のバッハ会長は 3 月19日、「もちろん違うシナリオは検討している」と述べ、通常開催以外の可能性に言及した。一方で「中止は議題にない」と強調した。JOC の山下会長は、「今の時点で大きな方向転換はないと考えている。ただ、いろいろなケースを想定するのはどの組織でもあり得る」と述べた。JOC の山口理事は 3 月20日、「私の中では延期しないで開催するという根拠が見つからない」との立場を示したのに対し、JOC の山下会長は同日、「安全、安心な形で東京大会の開催に向けて力を尽くしていこうという時。一個人の発言であっても極めて残念」と指摘した[49]。

　イタリアオリンピック委員会の会長を長く務めたペトルッチ氏は通常開催が議論されることに「大きな誤りだ」と述べ、同国と欧州の水泳連盟で会長を兼務するバレリ氏も「この状況が 4 月まで続けば、五輪の話をするのはばかげている」と語った[50]。日本ボクシング連盟の内田貞信会長は 3 月20日、新型コロナの感染拡大を受けて東京五輪の開催を 1 年延期するのが最善との私見を示した。選考や調整で公平性を保つため、中止になった一部予選の実施を望み、五輪までに十分な調整期間を設けるべきだと主張した[51]。

　世界陸連のセバスチャン・コー会長は 3 月19日、「9 月か10月への延期は可能」との見方を示した。20日、遠藤利明組織委会長代行は「（開会式実施の）7 月24日に、どんな状態であっても開催できる道を作るのが仕事。自分たちが延期するとか中止するとかはない」と述べた。ボクシングの男子ウエルター級で代表に内定し、3 月20日に都内で記者会見に臨んだ岡沢セオン選手（鹿児島県体協）は、世界最終予選開催のメドが立っていないとして「全ての

48　2020年 3 月20日付日本経済新聞「山口香氏『五輪延期を』」。
49　2020年 3 月21日付東京新聞「 7 月五輪　揺れる主催者」。
50　2020年 3 月21日付毎日新聞「通常開催議論『大きな誤り』」。
51　2020年 3 月21日付毎日新聞「内田会長が私見『 1 年延期最善』」。

予選をしっかり終え、その後にある程度の期間を設けないとフェアでない」
と述べた[52]。東京都の幹部は、「延期に向けてIOCも国も都も同じ方向を向
いている」との見方を示した[53]。

　米国水泳連盟は3月20日、ティム・ヒンチー最高経営責任者（CEO）の名
前で、米国五輪・パラリンピック委員会（USOPC）に公開書簡を送ったこと
を公表した。世界中の選手が練習や準備ができず、多大なる重圧やストレス
などを抱えていると指摘した。USOPCに対して「東京五輪を1年延期する
よう、提唱してもらいたい」と、IOCに働きかけるよう申し出た。米ワシ
ントン・ポストは同日、「東京五輪は停止せよ。今すぐに」というコラムを
掲載した。米ニューヨーク・タイムズ紙に続き、7月の開催を取りやめるよ
う訴えた。ノルウェー・オリンピック委員会は、バッハ会長に「状況が世界
規模で終息するまで東京五輪は開催すべきではない」という文書を送付した
と公表した。

　スロベニア・オリンピック委員会の会長は、ロイター通信に「五輪の原則
に照らし合わせれば、7月に開催してはいけない」と話した。英国陸連の
ニック・カワード会長は、英デイリー・テレグラフ紙のインタビューに「確
実に延期すべきだ」と答えた[54]。米紙ワシントン・ポストは3月20日、東京
五輪の即時の中止か延期を求めるコラムを掲載した。「IOCは躊躇すればす
るほど、危機の進行と医療機関の破綻に加担する。強制停止こそ責任ある行
動で、それ以下の措置は全て怠慢だ」とした[55]。

　IOCバッハ会長は3月21日、中止論について、「（参加する）1万1000人の
選手と難民選手団の夢を壊す。中止は最も公平でない解決策だ」と、あらた
めて否定した[56]。IOCは3月23日の週のうちに異例の理事会を開くことに
なった。新型コロナの感染拡大による影響を調べるため、IOCが理事会に

52　2020年3月21日付読売新聞「五輪どうなる…波紋」。
53　2020年3月21日付朝日新聞「東京五輪　延期論に現実味」。
54　2020年3月22日付朝日新聞「東京五輪の延期論　続出」。
55　2020年3月22日付産経新聞「『五輪即時中止』米紙コラム訴え」。
56　2020年3月23日付朝日新聞「『五輪中止、選手の夢壊す』」。

先立ち「各国のオリンピック委員会に聞き取り調査をする」と説明した[57]。3月21日、バッハ会長は、「次の土曜日のサッカーの試合のようには延期できない」と五輪の延期は困難との認識を示した。バッハ会長は中止についても「（選手にとって）最も公平でない結論だ」と述べた[58]。

　世界陸連のセバスチャン・コー会長は3月21日、東京五輪について、「決断は非常に早くに、非常に自明なものになるだろう」との見解を示した。フランス水泳連盟は同日、予定通りに開催する立場のIOCに対し「受け入れられない。IOCは延期の選択肢を全力で精査すべきだ」と要請する声明を出した。セルビア・オリンピック委員会のバーニャ・ウドビッチ会長は、東京五輪を計画通りに開催するとしているIOCの姿勢について「常識に反しており、支持できない。人命が第一だ」と批判した。クロアチア・オリンピック委員会のズラトコ・マテシャ会長も「予定通り開催することは不可能。数カ月延期されるべきだ」との立場を示した。また、同日、五輪陸上男子で通算9個の金メダルを獲得したカール・ルイス氏（米国）が、東京五輪の延期を支持したと伝えられた[59]。

　和田耕治・国際医療福祉大教授（公衆衛生学）が、「世界的な感染拡大は続いている。1年延期したとしても、世界的に集団免疫を得られる状態になるのは難しいだろう。再び延期を求める声も出てくるのではないか。2年後なら大丈夫かということも、まだわからない」と指摘した[60]。

　3月22日、IOCバッハ会長の要請で、日本側との緊急の電話会議が始まった。「延期を議論しないわけにはいかない」とバッハ会長は初めて、日本側に大会延期について言及した。「4週間以内」に延期を含む複数の「シナリオ」を検討することが決まった。ウィッケンハウザーIOC委員（カナダ）はツイッターで「人類が置かれた状況を考えれば、無神経で無責任」と批判

57　2020年3月23日付日本経済新聞「五輪巡りIOC再協議へ」。
58　2020年3月23日付読売新聞「IOCが各国委聴取」。
59　2020年3月23日付産経新聞「五輪『決断は自明』」
60　2020年3月24日付毎日新聞「1年で流行収まらず」。

した。米国からは水泳と陸上の両連盟が延期を訴えた。世界陸連は各国・地域の連盟から意見を集め、全会一致で延期を希望した[61]。

　安倍首相は3月23日の参院予算委員会で、延期を容認する考えを表明した。自身が言及した「完全な形」での開催に関し「規模は縮小せずに、観客にも一緒に感動を味わっていただくとの方針の下、準備を着実に進めるとの考え方を述べた」と重ねて説明した[62]。3月22日、IOCバッハ会長の母国ドイツのフェンシング男子代表、マックス・ハルトゥング選手が自宅待機で練習できていないとして地元メディアで五輪への出場を辞退する意向を表明した[63]。武藤敏郎組織委事務総長は延期について「6年間積み上げてきた作業をもう1回やるようなもの。さまざまな契約を見直すのは簡単ではない」と語った[64]。

　3月15日以降の10日間は、ガバナンス内外からの異論が噴出する状況となり、通常開催を主張し続けるIOC、組織委、政府、都、JOCの頑なな姿勢が浮かび上がり、異論の火消しにも限界が生じ、遂にはこれまでの発言のトーンを変えざるを得ないほど追い込まれ、動揺した期間となった。

6　政権主導による1年延期

　東京五輪の中止を最も懸念した政権は、3月11日のWHOによるパンデミック（世界的な大流行）宣言と翌12日のトランプ米大統領による「1年延期」の提案後の16日、主要7カ国（G7）首脳とのテレビ電話会議で開催時期に言及せずに「完全な形」の実施を目指す方針を表明し、「G7の支持を得た」とアピールした。「完全な形」は首相官邸内で練られたフレーズであった。7月の開催にこぎつけても、無観客や規模縮小などの形での開催に

61　2020年3月24日付朝日新聞「『延期を』IOC包囲網」。
62　2020年3月24日付下野新聞「首相、五輪延期を容認」。
63　2020年3月24日付毎日新聞「IOC　五輪延期検討」。
64　2020年3月24日付毎日新聞「組織委も軌道修正」。

なれば「五輪特需」の効果も得られないと判断したのである[65]。

　既に、 3 月12日に、IOC のバッハ会長は、「安倍晋三首相のコミットメント（深い関与）が欲しい」と要求していた[66]。首相は日本から延期を切り出せば、政治責任に加え、多額の放映権料や販売済みチケットの取り扱いなどの責任も問われかねないと考え、ぎりぎりまで実施する姿勢を見せて、国際社会の要請で「延期」を受け入れる形を演出したのである[67]。「完全な形」とは、延期は認めても、無観客試合や中止は考えない、との意味合いだった。予定通りの開催は現実味を失っていたが、決定権をもつ IOC をはじめ、だれも決めようとしない状況が続いていた。G 7 は延期の流れをつくった[68]。

　安倍首相がもう一つこだわったのは、ギリシャから聖火を日本に運ぶことだった。新型コロナによる混乱が欧州で深刻化する中、聖火を載せた特別機は 3 月20日、航空自衛隊松島基地に無事到着した。首相は「聖火を確保することができ、日本開催を担保できた」と周辺に振り返った[69]。

65　2020年 3 月24日付毎日新聞「五輪死守『延期』へかじ」。
66　2020年 3 月29日付下野新聞「コロナ拡大、揺れた判断」。
67　2020年 3 月24日付東京新聞「五輪延期へ調整」。
68　2020年 3 月24日付日本経済新聞「首相、中止シナリオ回避」。一方、 1 年延期への決定的な流れを作ったのはバッハ会長との見方もある。すなわち、 3 月16日夜の先進 7 カ国（G 7 ）首脳との緊急テレビ電話会議を前に、首相は森氏を官邸の執務室に急きょ招いた。「“完全”と言えばいいのではないでしょうか」。森氏の進言を受けた首相は約 5 時間後、時期には触れず「完全な形」を各国首脳に訴え、延期へレールを敷いた。首相は森氏と綿密に打ち合わせ、 3 月24日夜のバッハ氏との電話会談に臨み、 1 年程度の延期で合意した。一方、IOC 関係者は違う見方を示す。「日本がギブアップする構図をつくったのはバッハ会長。彼こそ政治家」。IOC が主体的に中止や延期を決めれば、補償問題や出場権を失う選手による提訴で責任を問われかねないと焦る日本側から先に提案を引き出したとの見立てだ。 3 月25日、バッハ氏は会見で延期に伴う「犠牲」に触れ「日本政府が必要なことを全てやってくれると安倍首相が約束してくれてうれしい」と述べた。関係者の間では、追加費用を負担するのは暗に日本側だと示す発言として受け止められた、というものである（2020年 3 月29日付下野新聞「コロナ拡大、揺れた判断」）。また、 3 月12日、トランプ米大統領が「無観客で実施するよりも、 1 年間延期する方が良い選択だ」とホワイトハウスで記者団に語ったことをめぐり、安倍首相は「渡りに船だ。この発言を使わない手はない」と飛びついた。13日にはトランプと電話会談し、「絶対に外には言わないでくれ」と念を押した上で、延期を目指す考えを初めて伝え、協力を求めた。「100% 支持する。日本で開催してくれ」。トランプ氏は応じた、とある（2020年 4 月 8 日付読売新聞「聖火到着後延期へ一気」）。
69　2020年 3 月25日付読売新聞「中止阻止　トップ外交」。

　この時期に、海外の各国オリンピック委員会（NOC）の中には延期を求める声明を発表したり、選手のアンケートを集約[70]したりするなどしていたが、JOC山下会長は「ホスト国のNOCとしての責任を背負っている。アスリートの意見を集約することに意味があるとは思わない」との認識を示していた[71]。延期決定をめぐりJOCは「蚊帳の外」であった[72]。

　IOCが延期の決断に二の足を踏むのは「収益の分配などの五輪ビジネスや、会場や日程の調整といった解決すべき複雑な問題が山積しているからだ」とされた。五輪の収益の約9割は通常、IOCを通じて関係団体に分配されており、延期すれば各国のスポーツ振興のための資金が枯渇する。延期の決定にはIOCに巨額の放映権料を支払い、東京五輪で12億5000万㌦（約1380億円）の広告を販売した米NBCテレビの意向を尊重する必要もあった。IOCがこれまで延期の議論に踏み込まなかったのも、東京五輪を予定通り開催することによる選手の健康リスクと経済的影響への懸念の間で板挟みになったためとみられた[73]。

　安倍首相は3月24日、バッハ会長と電話協議し、今夏の東京五輪を2021年に1年程度延期[74]することで合意した。首相とともに協議に臨んだのは組織

70　米国オリンピック・パラリンピック委員会（USOPC）は3月23日、東京五輪の代表候補選手に行ったアンケート結果を公表した。約93%が延期を求め、中止を望んだのは7%だった。4000人を対象とし、1780人以上が回答した（2020年3月25日付東京新聞「米代表候補の93% 中止より延期希望」）。

71　2020年3月24日付東京新聞「代表どうなる　不安　困惑」。

72　2020年4月6日付下野新聞「日本スポーツ界『蚊帳の外』に」および2020年4月2日付朝日新聞「五輪延長　JOCは蚊帳の外」。元陸上競技選手の為末大は、「今回の延期は、アスリートが導いたと思っています。IOCは、延期を求める選手の声で動いた」とした上で、日本選手の場合、①自国開催で各国の選手を迎える立場でもあったこと、②自治体や競技団体、スポンサーなどの利益も複雑に絡むため、やらないほうがいい、とは簡単に言えないこと、③選手がリスクを取って声をあげることをチームや指導者がよしとしないこと、を挙げた（2020年4月14日付朝日新聞「声上げぬアスリート」）。

73　2020年3月24日付産経新聞「延期圧力　IOC折れる」。

74　1年「程度」となった3月24日夜の首相官邸でのやり取りと関係者各々の思惑・意図について、以下のような記載がある。「1年程度延期を軸に検討をいただきたい」。安倍首相が切り出した。これに対してバッハ氏が示したのは「2021年に延期」、または「21年夏への延期に向けて事務レベルでの協議入り」だった。「いま2021年にすると言った？」。首相は周囲に問いかけ

委の森会長、東京都の小池知事、管官房長官、橋本五輪相であった。日本側が延期を提案し、バッハ会長が同意した[75]。その後、IOC臨時理事会で承認された。

　3月24日夜の電話会談冒頭で首相はバッハ氏に「東京五輪の中止はない」と切り出し、続けて1年延期方針を提案した。「100パーセント同意する」。バッハ氏の第一声だった。官邸内では、景気停滞から早く脱するために今秋の開催を望む声もあった。しかし競技会場などの予約状況の調査で「秋は既に満杯で不可能」との結論に至った。　首相自身、自民党総裁の任期が2021年9月に迫っていた。2年延期は「あり得ない」（自民党関係者）選択肢だった。施設確保などの見通しが立たないまま、事実上の消去法で1年延期案が決まった。対応の遅さを理由に、競技団体などからの批判にさらされていたIOCにとっても、首相の申し出による決着は「渡りに船」だった。あるIOC関係者は「極力リスクを負わない。これぞバッハ会長の常とう手段だ」と語った[76]。

　延期を巡っては3月上旬から武藤組織委事務総長とIOCジョン・コーツ調整委員長が水面下で協議を続け、1年延期のほか、2年延期も選択肢に上がっていた。政府や組織委内では感染拡大の終息が見えないことから、「2年延期」を推す声が残っていた。首相は自らバッハ氏との電話協議を申し入

た。「2021年に延期では21年のいつ開催かはっきりしない。『21年夏への延期に向けて事務レベルでの協議入り』では合意内容として弱い。約45分の協議の後、首相は記者団の前に姿を見せた。「遅くとも21年夏までに開催することで合意した」と述べた。都知事周辺によれば、「知事と首相は早い段階から『聖火リレーが始まる26日より前の延期決着』を視野に入れていた」。首相と都知事は3上旬ごろから複数回、水面下で協議を重ねていた。そこで、中止を避ける選択肢として浮上したのが3月26日の「聖火リレー前の延期要請」だったという。両者が足並みをそろえて延期に傾いたのは、「経済対策を見据えたから。1年後とすることで経済を浮遊させたいという思いで首相と知事は一致していた」という。一方、バッハ会長も追い込まれていた。バッハ氏が延期を切り出せば、数千億円規模とも見込まれる追加負担の一部を押しつけられるきっかけになりうる。それだけに、首相と知事から延期の時期を申し出てもらえるのは渡りに船だった（2020年3月26日付朝日新聞「延期要請『聖火リレーの前に』」）。

75　2020年3月25日付毎日新聞「東京五輪延期」。
76　2020年3月26日付下野新聞「見切り発車　1年提案」。

れ「1年延期」提案に踏み切った。「4週間」は実質的に2日間に短縮された形で、政府高官は「IOCも早く大枠は決めたいと考えていたのだろう」と語った[77]。

　共同通信社が3月26〜28日に実施した全国緊急電話世論調査によると、新型コロナの感染拡大を受けて東京五輪を1年程度延期したことについて「適切だ」とした回答は78.7%に上った。五輪1年延期への回答は他に「2年程度延期すべきだった」11.1%、「中止すべきだった」5.9%、「今年中の開催を目指すべきだった」1.8%の順となった[78]。

7　ガバナンス理論と東京五輪

　東京五輪のガバナンスは、先述のローデスらが提示したガバナンスのいずれの形態にも合致する。市場モードでは、スポンサー企業のみならず、運営におけるハード面（競技施設や宿泊施設など）やソフト面（放映、メディアを通じたPR、イベントの実施、チケット販売、大会終了後の競技施設の運営や選挙村の住居施設への転用など）の両方での環境整備は、企業による市場活動によって成り立つ。そこでは価格が重要な媒介要素であり、東京五輪絡みの財・サービスの中身を定める契約は、交渉（時には訴訟の危険も抱えながら）を通じて結ばれ、市場を構成する諸アクターの選好や選択の幅には独自性がある。

　一方で、東京五輪のガバナンスはヒエラルヒーモードの最たるものである。IOCはある種の下請け機関である組織委に指示を出し、札幌へのマラソン・競歩の会場変更のように、開催都市の頭越しに決定を下す。その意味ではIOCを頂点に柔軟性に欠けた、形式的・官僚的なガバナンス形態の典型でもある。組織委、政府は決定や判断においてIOCにあらゆる面で依存しているのである。政府や都からの出向者抜きに組織委は成り立たない。

　しかし、こうした市場モードとヒエラルヒーモードの性格を持ちながら

77　2020年3月26日付毎日新聞「五輪延期　首相の賭け」。
78　2020年3月29日付下野新聞「五輪1年延期、適切78%」。

も、東京五輪ガバナンスはネットワークモードの特性を最も有している。その基盤は相互補完力（どのアクターも一つでは事業を完遂できない）であり、主要アクター間の関係性こそがコミュニケーションの基本にあり、摩擦の解決には合意（たとえその合意が表層的なものであったとしても）が重要視される。柔軟性は市場には到底及ばないものの、ヒエラルヒーのような硬直性はない（延期への変更）。五輪憲章、開催契約、政府保証といった当事者間での約束に重きを置きつつ、大会がスムーズに運営されれば、互いの利益は抑制されないウィン・ウィンの関係となる。そしてネットワーク特有の相互の依存性は極めて高い。「信頼、忠誠、互恵にもとづく相互依存関係が共同活動の展開や継続を可能にする」ことで、東京五輪ガバナンスは成功裏に作動する。

　それでは先述のコンシディンらが提唱したネットワーク官僚制はどうか。法務官僚制、組織官僚制、市場官僚制では捉えきれない、新しい官僚制がネットワーク官僚制である。五輪精神という文化的な考えが論拠となっている点、企業やボランタリー組織さらには個々のボランティアなど、東京五輪では「共同による生産と柔軟な価値観」が重視され、「サービス対象の焦点」は、移動・宿泊・消費をもたらす訪日観光客や観戦者といった「顧客」に当てられる。とくに商業主義の契機となった1984年ロサンゼルス大会以降、五輪の関心の焦点は、まさに「サービスが生み出される繰り返しのプロセス」に当てられた。

　冬季大会も含めれば五輪は、二年毎に「同一のプロセスにおいて生産され、執行され、消費され、しばしば共同生産者としての消費者の参加を伴う」サービスそのものであり、東京五輪もその延長上にある。さらに東京五輪の行為者は組織委の構成員に典型的なように、私的セクター（企業）、公的セクター（行政）、ボランタリーセクターの寄り合い組織であり、スタッフのセクター間移動という点で柔軟なヒエラルヒー組織である。その意味で組織委は、「官と民の発案をうまく結合しながら、プログラムの目的とサービス実施における個々のシステムとをつなぐ存在」である。さらに組織委は大会終了後には解散となる、歴史上一時的に存在する大規模な実行委員会のよう

な存在である。そして、民間企業からの巨額なスポンサー料や放映権料など
に支えられるIOCは私的利益を追求しない非営利組織（non-profit
organization）である。このように東京五輪のガバナンスを形成する諸組織は
それ自体がネットワーク官僚制組織なのである。

　さらに延期をめぐるガバナンスプロセスにおいて、先述のベビルが指摘し
たところの中枢外・周縁に位置する個人や組織（IOC委員、各国五輪委員会あ
るいはその委員、IF、NF、五輪候補選手、メディアなど）が発揮した影響力に注目す
る必要がある。延期の決定に至らせた原動力は、とくに海外の選手（アス
リート）などによる発言であり、「信念にもとづく行動によって、社会生活、
組織、政策が形成され、継続され、修正される態様」が中枢アクターの意思
決定の時間的・内容的変更をもたらした。IOC、組織委、政府、JOC、都が
頑なに持ち続けた一枚岩の通常開催のスタンスを崩したのは、中枢外・周縁
アクターであった。

8　延期をめぐるガバナンスプロセスの変容

　それでは、1年延期の決定に至った2020年2月中旬から3月下旬の1カ月
半において、IOC、組織委、政府、都といった主要アクターからなる東京五
輪ガバナンス（ネットワークモードおよびネットワーク官僚制）はどのように変容
したのか。

　予定通りの開催に固執した時期（2月の中旬から下旬）は、コロナ禍の影響
を無視するかのような振る舞いという点で、一枚岩の表面的な結束や凝集性
があった。開催決定後6年以上かけて準備を重ね、ほぼ準備万端整った複合
的システムはもはや簡単には軌道修正できる類のものではなかった。

　確かに気象、災害、テロといった脅威への対策に批判はあったし不安も
あったであろう。しかし、これまでの6年間の準備期間の終盤では、実務面
で対処すべき課題はともかく、政治判断を求められる課題はほぼなかったと
いえる。運営側からすれば、やるだけのことはやったという、いわば東京五

輪開催に向けた実務の仕上げの段階に入っており、残すは2週間程度の国家的な大規模イベントを確実に実施するハード・ソフトの環境を最終的に整えればよいという時期に入っていた。一方で、この準備終盤期は世界中に新型コロナの感染が拡大する危惧が広がった時期であり、その意味で東京五輪ガバナンスが想定していなかった、別のあるいはこれしかないという唯一の脅威に虚を突かれ、たじろぎ始めた時期であった。

　そして、ガバナンス内の動揺が隠せなくなった時期（3月上旬から中旬）においては、個人にせよ組織にせよガバナンス内外の両方から通常開催への異論が噴出した時期であった。個々の主要アクターによる統御が効かなくなり始め、主要アクターからすれば矛盾するような見解が内外から矢継ぎ早に提示されるようになった。しかし、この時期はかろうじて延期論や責任論に対する火消し効果が機能していた。一方で、通常開催を疑問視する世論も含めて、通常開催を維持するガバナンスそのものへ不信感が広がっていき、その頑なな姿勢が異様なイメージを持たれ始めた時期となった。

　さらに、ガバナンス内外の動揺が顕在化するようになった時期（3月中旬から下旬）は、これまでの姿勢を遂に保つことがもはやできなくなり、内外の批判の声に押される形で、また、内的には中止回避への動きが強力となって、準備システム（通常開催）の変更に至った時期と位置づけられる。とくに、中枢外・周縁アクターである海外の選手個人の声などが広がることで、東京五輪ガバナンスに対する包囲網が形成され、いわば外堀が埋められ、それに抗し切れずに遂に延期の決定に至った時期である。このように、東京五輪のガバナンスプロセスは硬直、内的動揺、内外的動揺へと推移・変容した。

　東京五輪の延期決定をめぐる責任論においては、結局は待ちの姿勢に徹したIOCが果実を得たのではないか。中止によって失うものはIOCよりも日本の方が大きい。政権主導による延期の持ちかけは、IOC会長の計算し尽くされた数々の美辞麗句や粉飾表現によって、一国家が手玉にとられた五輪史として、後世に語り継がれるかもしれない。

第2章　東京五輪延期の論点

1　東京五輪延期と政策実施

　2020年東京オリンピック・パラリンピック大会（東京五輪）の1年延期が同年3月24日に決定し、2021年7月23日の開催に向けて、大会組織委員会（組織委）はその準備作業に入っている（執筆時点は2020年5月中旬）。本稿の目的は、国際オリンピック委員会（IOC）による延期決定を政策決定、決定後の開催に向けた諸々の準備・実務を政策実施と捉え、後者に注目してそこにはどのような課題や論点が存在するのか、あるいは存在すると推察されるのか、さらには今後、どのような予測不能な問題が生じるのかなどについて、具体的な事項を整理しつつ、そこから見出される新たな課題や方向性を明らかにすることである。

　今後の東京五輪準備の最も大きな論点の軸は、選手・関係者はもちろん、国内外からやってくる観戦客や訪問者の新型コロナウイルス（新型コロナ）の感染を防ぎつつ、果たして五輪という大規模スポーツ事業が現実に行えるかどうかという点にある。

　開幕まで1年2カ月の準備期間があるとはいうものの、選手選考一つを取っても、コロナ禍による国内外の予選大会や選考会が開催できない状況がいつまで続くかはわからないし、今後、収束や終息の段階に進んだとしてもその時期がいつになるのか、あるいは新たな治療薬やワクチンが開発されたとしても、実用に至るまでに、さらにはそれが世界中に行き渡るまでにどれだけの期間を要するのかなど、現段階では全く見通しが立っていない。聖火リレーや代表選出なども含め残された準備期間は決して長くはない。

　加えて世論の風向きの変化がある。延期決定時は1年間という延期期間も含め、大筋では世論の理解を得られていた。ところが、その後の感染拡大と雇用危機、巨額な補正予算等の対策費を目の当たりし、さらに延期による追加経費の大幅増加が予想されるに及んで、東京五輪の開催自体が逆風にさらされるようになった。

　こうした東京五輪をめぐる危機的状況の中で、政策実施のステージ、すなわち1年後の開催をめぐる課題・論点を明らかにし、今後の方向性を探ることの意義は決して少なくないと思われる。また、近代五輪史上、例のない延期から派生する課題を整理しておくことは、五輪研究のみならず、政策実施の事例研究としても意義があるといえる。

　そこで以下、まず第2節において、政策トップダウン型とボトムアップ型の違い、摩擦と透明性が及ぼす影響の違い、ブランド化の形態、組織間ネットワークを対象とした政策実施をめぐる四つの理論研究を紹介する。次に、第3節では、延期決定前の段階で主に批判的見地から指摘された課題を提示する。そして、第4節において第3節の内容と多少の重複はあるものの、延期決定後に明らかとなった論点を項目別に把握・整理し、提示する。最後に第5節において、第3節と第4節の検討から見えてきた知見を踏まえつつ、2021年7月の開催に向けた政策実施事業と第2節の理論研究との関係、さらには今後の推移や方向性についての私見を提供したい。

2　政策実施研究における類型、摩擦、ブランド化

　マイケル・ヒルとフレデリック・バロン（Michael Hill and Frederic Varone）は、政策実施の現実は相互作用が継続するプロセスにおける活動だと指摘した。その特徴として、①変化あるいは変化可能な政策、②複雑な相互作用の構造、③政府活動が一つの外部世界に影響を及ぼすか影響を及ぼすことを企図するがゆえの外部世界の政策実施への介入、④本来的にコントロールが困難な実施アクターの存在、を挙げた。そして、表1において、政策実施にお

けるトップダウン型とボトムアップ型の違いを提示した。

　そして、政策実施に及ぼす摩擦（conflict）と不明瞭（ambiguity）の影響について、表2のように例示した（なお、表では不明瞭の対となる透明性として記載）。政策課題が不明瞭であるとそれだけその政策を代表する者の裁量の余地が広がるし、政策目標をめぐる摩擦がなければ、実験的な政策実施はやりやすくなる。摩擦があれば、それを解消するためのコントロールが求められる。ヒエラルヒー的な権限を主張するアクターは、その権限を行使しようとする。そしてこのことは合意なき政策実施に向かう。これに低位の不明瞭が関連すると規則が定式化される。高位の摩擦と高位の不明瞭とが組み合わさると、政策の実施は困難となり、その意味で象徴的なものになる[1]。

　ジャスパー・エシュイスとエリック・ハンス・クライン（Jasper Eshuis and Erik-Hans Klijn）は、ガバナンスプロセスにおけるブランド化（branding）を

表1　政策実施におけるトップダウン型とボトムアップ型の違い

政策実施研究	トップダウン型	ボトムアップ型
分析の出発点	政治・行政当局による決定（法律、規則、活動計画）	当該地方レベルにおける実施に参加する活動アクターのネットワーク
主要なアクターを認識するプロセス	トップの行政組織からボトムの民間セクター（企業）へ	公的・私的アクターの両方の考えを伴った形でボトム（ストリートレベル）からトップへ
政策実施の質を評価する基準	・実施手続の規則化（適合性、合法性） ・有効性、すなわちフォーマルな政策目的実現の範囲	・明確に定義された優先的な評価基準はなし ・関係アクターの参加レベル ・実施をめぐる摩擦の程度
公共政策の実施をめぐる基本的な問い	政府目的が達成される可能性を最大化するために採用されるべき実施様式（組織や手続）とは何か。	実施が受け入れられるために、政策ネットワークにおける公的セクターと私的セクターとの相互作用は考慮されるべきか。

資料：Michael Hill and Frederic Varone, *The Public Policy Process*,（Abington, Routledge, 2017）, p.240を日本語訳。

_____

1　Michael Hill and Frederic Varone, *The Public Policy Process*,（Abington, Routledge, 2017）, pp.241-242.

表2　摩擦と透明性が政策実施に及ぼす影響

	低位の摩擦	高位の摩擦
高位の透明性	1　行政的な政策実施 事例：一般に受容されている社会保険で、その試行がやりやすい類のもの	3　政治的な政策実施 事例：賛否両論のある改革（医療改革、サービスの民営化）で、反対に直面しても政府が変革しようとする類のもの
低位の透明性	2　実験的な政策実施 事例：保健・衛生サービス受容の不平等を減じる施策であり、一般の理解を得られているものの、その施策が有効かどうかはわからない類のもの	4　象徴的な政策実施 事例：対象と特定するのが困難で反対もある類のもの。たとえば比較が複雑で目標の捉え方に違いがある同一賃金をめぐる政策実施

資料：Michael Hill and Frederic Varone, *The Public Policy Process*, （Abington, Routledge, 2017), p.242において「不明瞭」を「透明性の程度」に置き代えた上で日本語訳。

「名前、用語、記号、象徴、デザイン、あるいはこうした諸要素の組み合わせから構成され、意図的に一つの事象を明確化するために生み出され、それに特別な意味を付与することで他の事象との差別化を図るもの」と定義した。そして表3のように、製品、プロセス、人、組織、場といった五つのブランド化の形態を提示した。

　私的セクター（企業）において、ガバナンスプロセスにおけるブランド化の対象は品物、製品のみならずサービスあるいはサービスプロセスそのものとなる。加えて広範に及ぶ対象や題材がブランド化されるとして、旅行先、スポーツ選手、ポップスター、公認プロセス、法人組織などを挙げた[2]。

　ロバート・アグラノフとマイケル・マクガイアー（Robert Agranoff and Michael McGuire）によれば、ネットワークの管理は、効率性の集約発揮に向けた柔軟な構成組織の管理に関わっている。伝統的な官僚制組織は、より厳格で規則化され予測可能性がある一方で、ネットワークは状況の変化に迅速に対応できる潜在力、柔軟な適応能力、そして革新能力を持っている。ネッ

2　Jasper Eshuis and Erik-Hans Klijn, *Branding in Governance and Public Management*, （New York, Routledge, 2012), p.19.

表3　ブランド化の五つの形態

ブランド化の形態	品物のブランド化	プロセスのブランド化	人のブランド化	組織のブランド化	場のブランド化
ブランド化の対象	有形の品物あるいは製品	双方向の政策形成、参加プロジェクト、統一的な環境アセスメント	人	（法人）組織	地理的な場所
私的セクター（企業）の事例	自動車、ジーンズ	ISO9000、経営システムの品質保証	デビッド・ベッカム	グーグル、ナイキ、タタ	バハマ
公共ガバナンスプロセスの事例	インフラストラクチャー（例：デンマークとスウェーデンをつなぐエーレ海峡大橋）	協働のガバナンス	シビルビオ・ベルルスコーニ、バラク・オバマ	オランダ税務協会（Dutch Tax Organization）	ニューヨーク（ニューヨーク愛着運動）

資料：asper Eshuis and Erik-Hans Klijn, *Branding in Governance and Public Management,* (New York, Routledge, 2012), p.20.

トワークにおけるメンバー間の関係が構築され、目標をめぐる合意がなされ、その活動があらゆる関係者にとって有益である場合には、そのネットワークが持つ広範囲に及ぶ専門性や見解が柔軟性や適応性を発揮する。

　ネットワークは、官僚制組織と比べて、不完全な知識や目標をめぐる摩擦といった柔軟性を抑制する諸要素への免疫を持ってはいない。しかし、組織間ネットワークは、あらゆる社会形態のうちでも、最も柔軟性と適応性の能力を有している。たとえばある都市は、経済活動機会の出現に迅速に対応できるし、ある地方における事業連携組織は、急速に変容する市場において、自らの持つ技術、製品、生産をうまく適合させている。

　公的組織の運用責任者は、こうしたネットワークの持つ柔軟性能力や適応性能力を発揮させるためのコントロールを有している。最も重要なことは、必要とあらば新しい組織体をネットワークに加えることによって、対応可能

な形でネットワークの組織と作動を維持することである。組織的な泥炭
(turf)、古い慣習、制約的な規則を最小化し、ヒエラルヒーを回避すること
である。

　効率性の集約は、規則の運用や組織に焦点を当てた事業志向ではなく、協
働による努力もしくは活動に焦点を当てた事業志向とともに達成される。運
用責任者と当該ネットワークが結果に向かって、その時の事業の完遂を目指
し、努力の集約を指揮し、必要とされていることの実行の中身が考慮されな
ければならない[3]。

3　延期決定以前の論点

　以下、東京五輪の延期決定前の段階で指摘された背景や、主に批判的見地
から述べられた課題を時系列的に提示する。

　IOC は全収入の9割を各国・地域の国内オリンピック委員会（NOC）や
IF に配分しており、放映権料収入は力の源泉となっている[4]。「人類が新型
コロナウイルスに打ち勝つ証し」という安倍首相の発言について、「主目標
と副次効果が入れ替わって、まるで五輪のためにウイルスと闘うような倒錯
に陥る」との批判があった[5]。五輪憲章では「夏季五輪は四年に一度開く」
と明記されており、このサイクルを変えたら五輪の意味がなくなる」との声
もあった[6]。

3　Robert Agranoff and Michael McGuire, "Managing in Network Settings," *Public Governance, Volume 3,* Mark Bevir ed,（SAGE Publications Ltd, London, 2007）, p.106.）

4　IOC の2013～16年の五輪に絡む収益は計51億6000万㌦（約5676億円）で、そのうち放映権料は41億5700万㌦（約4573億円）と約8割を占める。14年には米放送大手 NBC ユニバーサルと32年まで約76億5000万㌦（約8415億円）の契約を締結した。IOC は不測の事態に備えて保険に加入しているが損害を全て穴埋めするのは難しい（2020年3月18日付毎日新聞「中止なら3兆円消失」）。

5　古賀攻「コロナが喜ぶ自国第一」（2020年3月18日付毎日新聞）。なお本稿の註に掲載の新聞各紙はすべて朝刊である。

6　2020年3月18日付東京新聞「延期論は無理筋」。

東京五輪全体で約１万1000人の出場枠のうち、43% が確定していない[7]。また、2020年３月19日時点の集計で事前合宿が中止、延期となったのは全国で少なくとも17自治体、交流イベントなどは43自治体に上った[8]。

「中止はあっても、延期は考えにくい。五輪会場となる施設は、ほぼ２年先まで各種イベントの予約で埋まっている。延期は３年程度にしないと競技日程との調整ができない。次の五輪まで１年なら、中止せざるを得ないだろう」との声もあった[9]。新たな日程調整には難航が予想される上に、大会開催経費の増大も不可避であり、組織委幹部には「延期は困難」という見方が多かった[10]。

テスト大会は、選手不参加や無観客での開催が相次ぎ、物流の停滞で必要な資機材の調達にも遅れが発生した[11]。国際的な紛争以外で五輪開催がここまで脅かされる事態は初めてであった[12]。たとえば１年延期となった場合は、会場や選手村の維持費に約225億円が、各種競技の代表選手の再選考や強化費などに約3900億円がそれぞれ追加で必要になるとし、延期に伴って生じる会議や広告などの費用も約100億円など計6408億円に上るとされた[13]。

東京五輪開催による直近３年間の経済波及効果は17兆円との試算もある。競技場などの五輪関連施設や周辺の再開発を含むインフラ整備で、2019年までに13兆8000億円の効果が既に出現している。2020年は、訪日客の増加や関連需要の盛り上がりなどで、３兆2000億円の上積みが期待されていた。延期の場合、ホテルや商業施設など、訪日客の需要を期待した民間設備投資の不良債権化を懸念するといった試算や指摘があった[14]。２年の延期の場合は、

7　2020年３月19日付下野新聞「250人の選考に影響」。
8　2020年３月22日付毎日新聞「コロナ　五輪合宿中止続々」。
9　小田尚（読売新聞調査研究本部客員研究員）「東京五輪の延期は難しい」（2020年３月21日付読売新聞）。
10　2020年３月22日付産経新聞「延期できるの？」。
11　2020年３月12日付東京新聞「五輪の延期検討　提起へ」。
12　2020年３月12日付日本経済新聞「近代五輪　過去に３度中止」。
13　2020年３月20日付産経新聞「五輪中止『損失4.5兆円』」。
14　2020年３月24日付産経新聞「消える３兆円効果」。

会場や選手村の確保が難しくなり、大会開催費がさらに膨張する。また22年は北京冬季五輪やサッカーW杯カタール大会と重なってしまう点が指摘された[15]。

　IOCは米国向けのNBCユニバーサルと東京五輪を含む夏冬10大会に、計約120億㌦（約1兆2700億円）で契約しており、東京大会の中止や延期の判断には同社の意向も関係してくる[16]。延期案は年末まで、1年後、2年後と三つあるが、中止や無観客開催に比べ、はるかにダメージは小さい。事態沈静の後に「コロナウイルスからの復興五輪」を開く方が、都民や国民の理解を得られるとの見方もあった[17]。

　東京五輪が1年延期となった場合の課題は、①選手選考のやり直しの可能性、②他のスポーツイベントとの日程調整、③新設の競技会場の維持管理費、④プロ野球やサッカーJリーグとの会場使用調整、⑤選手村など大会後の利用・開発計画への支障、だとされた[18]。都のある幹部は「延期は一番最悪な状況の中での最適な解だ」と話した[19]。あるスポンサー企業からは「延期になれば、運営側の費用が増えてスポンサー料が引き上げられるのではないか」と懸念する声も出た[20]。

　延期案の実現には会場確保や組織委職員の雇用延長などの資金が必要となる。都内外で民間から確保した競技施設の借り換えや使用の延長には、一定の補償などが予想される。東京湾岸にある国内最大規模の展示場「東京ビッグサイト」は大会時に報道・放送センターを置くため、2019年4月から順次

15　2020年3月13日付毎日新聞「東京五輪　通常開催に暗雲」。
16　前掲毎日新聞「五輪延期阻止　政府躍起」。
17　乾正人「団結し『国難』に立ち向かえ」（2020年3月14日産経新聞）。
18　2020年3月14日付下野新聞「浮上した『1年延期論』」。
19　前掲朝日新聞「東京五輪　延期論が拡大」。
20　東京五輪の国内外のスポンサー企業は約80社ある。IOCとスポンサー契約を結ぶ「トップパートナー」を筆頭に拠出額などに応じ4ランクあり、トヨタ自動車やパナソニック、日本コカ・コーラなどが「トップパートナー」となっている。金融機関では、三井住友フィナンシャルグループやみずほフィナンシャルグループ、野村ホールディングスなど5社がJOCと契約する「ゴールドパートナー」となっている（2020年3月24日付毎日新聞「代表選考　混乱拡大も」）。

閉鎖している。予定通り20年夏に開催しない場合、補償額がどこまで膨らむ
かは未知数である[21]。ある五輪スポンサー企業は、現時点で追加スポンサー
料を払うだけのメリットが見出せず、「延期となった場合に契約を更新する
かどうか分からない」と語った。新型コロナ対策でイベントを縮小・中止す
ることになれば、期待していたPRの機会も失われることになるためであ
る[22]。

　延期ならどれだけ経費が膨らみどうやって負担するのか。都や政府には、
少なくともそうした情報を明示して国民の理解を求める責任がある、という
意見があった[23]。教育においても教科書の内容変更を懸念する声があった。
東京五輪に関連するページが社会や数学、保健体育など多くの教科に入った
が、訂正の量は前例のない規模になるとの懸念がそれであった[24]。

　2020年3月23日、東京五輪の米国向け放映権を独占する米テレビ局NBC
は、IOCの決定に従うと表明した。声明で「東京五輪のシナリオを検討す
るというIOCの決断を全面的に支持する」「IOC、日本政府、WHOがいか
なる結論を出しても、従う準備がある」とした[25]。

4　　延期決定以後の論点

　東京五輪は2021年7月23日に開幕することが決まった[26]。日程案は2020年

21　2020年3月24日付毎日新聞「追加負担　はや駆け引き」。
22　2020年3月24日付産経新聞「五輪スポンサー恐々」。
23　2020年3月24日付日本経済新聞「五輪延期にも何台多く」。
24　2020年3月25日付毎日新聞「五輪バラの記述多数」。
25　2020年3月25日付読売新聞「『IOCに従う』米TV局が表明」。
26　東京五輪は史上最多の33競技339種目で、出場選手は1万人以上。大会関係者や感染者を含め
　　ると、約1000万人が東京を訪れると見込まれる。組織委は14年1月の発足以来、事業者らと交
　　渉を繰り返してきた。延期後の開幕日も金曜日で、なおかつ来年7月22日で任期満了となる東
　　京都議選や、8月15日の終戦記念日に重ならないようにするという日本側の希望が通り、7月
　　23日に決まった（2020年3月31日付朝日新聞「『夏推し』組織委もテレビ局も」）。新型コロナウ
　　イルスの感染拡大で、緊急事態宣言の前の日程確定を急いだとの見方がある（2020年3月31日
　　付毎日新聞「時間的猶予を最優先」）。大会の1年延期について、組織委や政府内で当初から出

3月30日に開かれたIOCバッハ会長と橋本五輪相、小池都知事、森組織委会長によるテレビ会議で日本側が提案し合意し、その後のIOC理事会で決定した[27]。バッハ会長は3月25日、電話記者会見を開き、史上初の延期を決めた東京五輪の開催時期について「合意したのは2021年夏までの開催だが、必ずしも夏とは限らない」との考えを示した[28]。

　延期について開催都市契約や五輪憲章には規定されていない点について、IOC委員で東京五輪調整委員長のジョン・コーツは、「開催都市契約は、契約の関係者全てが合意すれば、変更することが可能だ。五輪憲章についても、改訂の必要はないと考える。大会の開催時期決定は理事会の専権事項だからだ」と述べた。さらに「選手村は大会後、マンションとして販売される。もし使えないということなら周辺のホテルなどを急ぎ検討する必要も出てくる」と語った[29]。

　橋本五輪相は5月1日、「IOCや組織委がワクチン開発を大会開催の条件とした事実はない」とし、「東京大会の完全な形での実施に向けて、終息させることが大前提」と述べた[30]。IOCジョン・コーツ調整委員長は5月9日、東京五輪について、「大会を再度延期する『プランB』はないという前

ていた「一番無難なスケジュール」（組織委関係者）といえる。従来の計画とほぼ同じ日程は、大会期間中は学校が夏休みに入っており、観客動員の面でプラスに働く。ボランティア確保の面でも学生の参加が見込める。開催時期の交通事情をもとに練り上げてきた輸送計画も、ほぼそのまま生かせる。組織委は各IFや放送権者らの意向を踏まえ、土日に注目の競技・種目を集中させるなどして難解なパズルを完成させた。気象条件も基本的に変わらず、暑さ対策などで何度も修正された競技開始時間や番組編成への影響も最小限で済む、というものである（2020年3月31日付産経新聞「夏の五輪『一番無難』」）。一方、以下のような批判に注目したい。すなわち、なぜ、2021年の秋開催にしなかったのか。ゼロから五輪を考え直す絶好の機会だったのに、残念でならない。たとえば、9月後半の開幕を選んだとしたら、酷暑の期間を避けることができる。選手にとって、どちらがやりやすいかは自明の理である。そもそも、1年後に新型コロナウイルス感染拡大が終息しているのか。今回だけは拙速よりも巧遅を旨とし、徹底的に討論して決めてほしかった、というものである（谷野哲郎東京新聞運動部長「なぜ秋開催　選ばなかったのか」（2020年3月31日付東京新聞）。
27　2020年3月31日付読売新聞「東京五輪　来年7月23日」。
28　2020年3月26日付東京新聞「『開催、夏とは限らない』」。
29　2020年3月26日付読売新聞「『時期示唆　希望残せた』」。
30　2020年5月2日付産経新聞「ワクチン開発　条件でない」。

提で準備を進めている」と述べた[31]。

　世界陸連は3月23日、東京五輪が1年延期された場合、開催時期が重なる2021年の陸上世界選手権（米オレゴン州）の日程変更を検討する意向を明らかにした[32]。世界陸連のセバスチャン・コー会長は3月27日、東京五輪の新たな開催日程が決まった後に、米オレゴン州で2021年8月6日〜15日に予定されている陸上世界選手権の日程変更を検討する意向を示した[33]。その後、2022年7月15〜24日への変更が決まった。それに続き、福岡市で開催する水泳の世界選手権について、国際水連と組織委は5月4日、2021年夏への東京五輪延期に伴い協議していた新しい日程を2022年5月13〜29日に決めたと発表した（当初予定は21年7月16日〜8月1日）。このため大型イベントとも重ならない日程となった[34]。

（1）延期をめぐる諸課題

　以下、延期決定後に明らかとなった論点を課題毎に整理・提示する。

　延期による支出が多くなりそうなのは、会場確保に関する軽費である。元々は賃借料530億円を見込んでいたが、キャンセル料や新たな賃料が想定される。資機材の扱いも課題になる。テロ対策で各競技会場を囲むフェンス（高さ3㍍）は、つなぎ合わせると長さ約100kmになる。こうした本番に備えた物品が、各地の倉庫に保管される。仮押さえした大会関係者用ホテル数万室や選手らの移動用バス約2000台、1万人以上確保した警備員についても、補償を求められる可能性がある。

　組織委は国内スポンサー料について、大会直前に契約する企業を含め3480億円を見込んでいたが、延期で計画が狂った。多くの企業との契約は12月までで、延長してもらえるかも不透明となった。チケットの収入も900億円を

31　2020年5月10日付読売新聞「『五輪延期ない』」。
32　2020年3月25日付産経新聞「世界陸上　日程変更の用意」。
33　2020年3月28日付読売新聞「日程変更　五輪決定後に」。
34　2020年5月5日付日本経済新聞「福岡の世界水泳　22年5月に開催」。

計上していた。組織委は別枠で台風や地震などに備える「予備費」として270億円を確保しているが、組織委幹部によれば「災害などに見舞われる恐れは残されており、簡単には使えない」という[35]。

　政府が「完全な形」での開催を掲げる中、2020年 3 月末現在で WHO はワクチン開発に「少なくとも12〜18カ月かかる」との見通しを示した。IOCバッハ会長は「我々はすべての参加者に安全を提供できる環境でのみ、五輪を開催する」と述べた。さらに 1 年の根拠について、「日本側が来夏以降には延期できないと言った」と念を押した。これは IOC に責任はないと主張する予防線との指摘があった[36]。

　 1 年延期の決定についての否定的意見もある。毎日新聞特別編集委員の山田孝男は以下のように言う。東京五輪が結局中止になる可能性は小さくない。中止が前提の準備は大きな抵抗を伴うが、調整困難だからと先送りすれば近い将来、破局的な混乱に陥る可能性が高い。五輪延期への疑問は封印されている。途上国は先進国に遅れて感染が広がるという。来夏、全世界のトップアスリートを東京に招く計画は妄想に近い。科学的、合理的に考えれば、 1 年延期は無理な選択だった。中止であってもそこに前向きな意味、再起への力強く具体的なビジョンを盛り込むとすればどうだろうと主張した[37]。

　新型コロナの流行が収束しない限り、開催は難しいとの見方があった。国内で収まっても、南半球は今後、冬を迎えて感染が拡大し、それが持ち込まれて再流行する可能性もある。完全な収束にはワクチンが必要であり、2009年に新型インフルが流行しても、翌年に五輪が開けたのはワクチンが使えたからだが、開発には時間がかかる。 1 年後では難しいかもしれないとの考えが示された[38]。

35　2020年 3 月30日付読売新聞「五輪延期　負担駆け引き」。
36　2020年 4 月27日付朝日新聞「現実見据え　タブーなき議論を」。
37　山田孝男（特別編集委員）「前向きな五輪中止」（2020年 4 月27日付毎日新聞）。
38　東京医大病院渡航者医療センター浜田篤郎教授（渡航医学）「ワクチン開発が必要」（2020年 3 月25日付朝日新聞）。

（2）追加の大会経費

　組織委は2017年12月の第2弾予算（V.2＝Version 2）を示して以降、大会経費について一貫して1兆3500億円としてきた。しかし、会計検査院は関連経費を含めて総額3兆円超と試算した。金額が大きくなれば、国民からの批判は避けられないため、大会の盛り上げに水を差さないよう、数字を小さく見せる「工夫」を続けてきたことが背景にある。現段階で組織委が示す総額1兆3500億円も会場整備費や選手輸送費など開催に不可欠なものに絞っている。

　国も都もサイバーセキュリティー演習やドーピング検査員の育成、暑さ対策の道路の遮熱舗装などは大会後にもレガシー（遺産）として残るものとして大会経費とは切り離して関連経費と位置づける。その関連経費も線引きは難しく、都は2018年1月に約8100億円と発表しているが、国は明確にしていない。会計検査院は関連経費を含めた国の支出は1兆円超と試算し、「全体像を公表すべきだ」と指摘している。

　重い財政負担を嫌って五輪招致都市が減る中、IOCは費用の膨張には神経質になっている。組織委が1兆3500億円に整えて発表し続ける予算は「数字遊びの世界」とも揶揄される。また、メイン会場の国立競技場は後利用について球技専用とするか、陸上トラックを存続させて陸上と球技の兼用とするか方針を定めておらず、2019年11月、民営化計画の策定を先送りした。さらに五輪の延期で、当初2022年後半だった民間業者による使用開始が遅れれば、その分、国が維持管理費を負う可能性があるとされた[39]。

　競技施設に支払う賃借料などは約530億円に上るが、いったんキャンセルして再契約するか、本番まで借り続けることが想定される。大会の延期によって解約すれば一定のキャンセル料が生じる可能性があるとされた[40]。

39　2020年4月2日付毎日新聞「開催費の総額見えず」。
40　2020年3月25日付日本経済新聞「五輪延期　コスト不可避」。具体的には、たとえば幕張メッセの国際展示場については、利用開始日の4カ月前までに使用料の10％、1週間前までに90％を支払う必要がある。キャンセルしても入金した分は原則返金しないが、新型コロナの影響で中止となった2020年2〜3月のイベントは返金対象としている。また、組織委について2020年

　五輪を招致した際の立候補ファイルには「大会組織委員会が資金不足に陥った場合には、東京都が補填する」と記されている。組織委が持っている270億円の予備費を上回れば、都が支払うことになる可能性が高いとされた[41]。

　IOCバッハ会長は2020年3月25日、追加費用の負担問題を挙げ「安倍首相との電話会談で日本政府が必要なことを全てやってくれると約束してくれてうれしい」と述べた[42]。五輪憲章や開催都市契約などによると、IOCには組織委に支払う負担金（850億円）を除けば、財政上の義務はない。開催費用は組織委が資金不足に陥れば都が負担し、都が穴埋めできなければ政府が補充する仕組みになっているが、追加費用は3000億～5000億円規模とされる。期間延長に伴う競技会場使用料やホテルの宿泊費、3000人を超える組織委の人件費、新たに生じる営業補償などその費用は多岐にわたる[43]。

　1年延期に伴う追加費用について、IOCは2020年4月20日、「安倍首相が、現行の契約条件に沿って引き続き日本が負担することに同意した」との見解を公式サイト上で示した。組織委は21日、事実関係を否定してIOCに当該部分の削除を求め、IOCは要請に応じた[44]。2020年4月15日、都は緊急対策に8000億円を計上すると表明した。緊急対策の規模としては過去最多だったリーマン・ショック時の1860億円を大幅に上回る額である。新型コロナによる景気悪化で「1兆～2兆円」（都幹部）の税収の減収が予想され、巨額の支出と税収減という二重苦の中、東京五輪の延期による追加費用がのし

　3月時点で組織委では約3500人の職員が働いており、大会時には8000人に増える見通しとなっている。19年度の正味財産増減予算書によると、職員の給料手当は計約40億2600万円となっており、大会が先に延びれば人件費も増える。組織委に出向している都職員については都が負担しており、出向者約1000人に対し19年度予算で約82億円を計上した。組織委の収入は、国内スポンサーからの協賛金が3480億円とほぼ半分を占め、他にチケットの売上金として900億円を見込んでいた、というものである（同）。

41　2020年3月25日付朝日新聞「追加の負担　都は警戒」。
42　2020年3月26日付下野新聞「開催『夏に限定しない』」。
43　2020年4月2日付毎日新聞「追加費用　駆け引き」。
44　2020年4月22日付下野新聞「追加負担に『首相同意』」。

かかることになる。「明日の生活に困っている人が続出しているのに、五輪
に何千億円も投じることは理解されないだろう」との声も多い[45]。

（3）大会運営の見直し

　組織委はチケットを無効とせず、延期された大会で改めて観戦できるよう
にする方針を示した。購入者が返金を希望すれば、払い戻しに応じたり、公
式の再販売サイトに出品できたりする仕組みを検討しているとした[46]。
　約3500人いる組織委の約3割にあたる1000人弱は都庁からの出向者であ
る。局長級が2人、部長級が43人、課長級が105人と幹部クラスも多く、本
人のキャリアパスや人事配置の再考が迫られることとなった。組織委は都庁
以外の自治体や中央省庁から計500人規模の出向者を受け入れており、行政
組織の運営への影響が懸念された[47]。組織委の職員は、2020年の大会開催時
には約8000人に膨らむ見込みだった。現職員の約30％は都、25％はスポー
ツ団体と民間企業、15％は国と地方自治体からの出向者で占める。給料は
出向元の負担だが、本来であれば組織委は大会後の2020年10月には1000人程
度まで職員を減らす方針で、多くは出向元に帰る予定だった。
　警備について、招致段階の計画では警察官2万1000人、民間警備員1万
4000人、ボランティア9000人など、計5万人以上が東京五輪の警備に従事す
るとしていた。日本では過去最大規模の警備計画である。競技会場に入る際
の手荷物検査や競技会場内の警備、最寄り駅から競技会場までの沿道警備な
どを担う民間警備員について、国内最大手のセコムと総合警備保障
（ALSOK）を中心に多数の警備会社が共同企業体（JV）に参画、人員確保の負
担を分担するとしていた。だが延期により、人員の再確保やつなぎ止めが必
須となった。
　テレビ中継について、56年ぶりの自国開催のため、各局は2016年のリオ五

45　2020年4月27日付朝日新聞「五輪は来夏に　それでも多難」。
46　2020年3月26日付読売新聞「チケットは有効」。
47　2020年3月26日付日本経済新聞「五輪任期　官僚人事に影響」。

輪を上回る長時間放送を計画していた。NHK は計1000時間規模の放送時間
とみられていた。在京民放キー局も今回の五輪に向け、特別な態勢を敷いて
いた。大会期間中のほぼ毎日、各局が「輪番制」で午前9時から午後11時ま
で、長時間放送する枠組みを構築していた[48]。

　選手らの輸送のために各地から集めて確保していたバスは2190台、運転手
は約2600人に上っていた。東京バス協会の担当者は「事業者は恒例の林間学
校も断るなどして車両を提供していた」と説明し「来年も同じ規模の台数を
確保できるのか」と不安を示した[49]。

　新国立競技場の年間維持費は約24億円で、うち13億円は将来の大規模修繕
に備えた費用で、水道光熱費などの費用は約11億円に上るとされているが、
スポーツ庁は「大会成功を最優先に考え、組織委と調整する」として、貸出
期間の延長などに対応する考えを示した。組織委への無償貸し出しは撤去期
間を含めて2021年3月末で終了の予定であった。1年延期されたことで民営
化が遅れる可能性があるものの、使用予定がなく日程的な問題は生じないと
した。国立代々木競技場は2021年4月以降の予約受け付けを今夏ごろから始
める予定であった。国は新国立競技場と同じく会場確保に応じるとした[50]。

　約44㌶の土地に21棟の宿泊施設ができる東京・晴海の選手村について、大
会関係者は「期間中、選手村では会議などが頻繁にあり、同じ場所に集まっ
ていた方が望ましい」と話した。東京大会の選手村は約1万8000床であり、
この予定地以外で確保するのは難しいという[51]。

　組織委の森会長は、経費節減に努め、開会式の内容や演出を大幅に変更す
る意向を示した。開閉会式の演出は「ほぼ出来上がっていたが、根本的に見

48　2020年3月26日付産経「東京五輪・パラ　1年延期でどうなる」。なお、2020年4月以降、組
　　織委には都からの出向者約60人を含む194人が新たに加わり、職員数は3803人となった（2020年
　　4月2日付産経新聞「150人着任見送り」）。
49　なお、延期前の設定では、開催期間は7月24日〜8月9日（17日間）、競技数は33競技、会場
　　数は42　会場、参加選手数は万1090人、販売済みチケットは448万枚、ボランティアは11万人以
　　上であった（2020年3月26日付日本経済新聞「21年五輪へ再始動」）。
50　2020年3月27日付日本経済新聞「国立競技場は確保問題なし」。
51　2020年3月29日付朝日新聞「選手村マンション　ため息」。

直さなければならない」と述べ、ウイルス危機について何らかのメッセージを盛り込む方向で演出チームに再検討を求める意向を明らかにした[52]。組織委は、2020年4月28日、当初の計画を大きく変更し華美な演出は抑える方針を明らかにした。現時点の式典の予算は130億円が上限だが、延期により、職員らの人件費、式典出演者や制作会社との再契約など、追加費用がかさむと予想され、予算の抑制も視野に内容を変更するとした。また、式典を考える演出家からは、五輪・パラ合同での開閉会式案も出た[53]。長時間に及ぶ国・地域ごとの選手団の入場行進なども含めて、開閉会式のあり方をめぐっては、IOCやIPC（国際パラリンピック委員会）、スポンサー企業、巨額の放送権料を払う米テレビ局など関係機関の裁量も大きく、理解を得られるかが鍵となる、と指摘された[54]。

（4）会場の確保や代表選考

　東京五輪で利用されるのは計43会場で、そのうち既存施設の25会場は、新たに整備された国立競技場などと比べて、2021年夏には既にイベント予約が入っている施設が少なくないことが明らかになった[55]。たとえば、日本展示会協会（東京都）によると、延期される前でも、東京ビッグサイトは東京五輪で1年8カ月施設が使えずに約250回の展示会が開けなくなり、8万2000社に影響する。損失は2.5兆円で、仮にもう1年延長した場合の損失はさらに1.5兆円増えるという[56]。

52　2020年4月23日付東京新聞「開会式演出　大幅変更も」。
53　2020年4月29日付朝日新聞「開閉会式　大幅変更を検討」。
54　2020年5月6日付下野新聞「『復興』と『克服』　演出大幅変更」。
55　2020年4月1日付産経新聞「五輪会場『調整は可能』」。
56　2020年3月30日付朝日新聞「五輪会場　多難な再確保」。東京都が施設を所有し、都の関連団体の民間企業が独立採算で管理運営する（展示面積は仮設を含めて約14万平方㍍で、最も大きい東展示棟は8ホール計約6万6000平方㍍）。見本市や展示会など年間約300件のイベントが開かれ、2018年度は1407万人が来場した。ビッグサイトに四つある展示場のうち最大の東展示棟は、2019年4月から2020年11月まで借り切り、メディアセンターとして大掛かりな内装工事を行ってきた。利用が予想されるメディアは約200カ国の約8000人に上る。賃料も莫大で、東展示棟は通常、1日当たり約2700万円で、1年間の延期なら単純計算で約100億円になるという

複数の競技で、既に調達していた設備や備品の品質保持が懸案となっている。また、2021年夏まで劣化を防ぐ必要があり、こまめなメンテナンスや倉庫での管理、一時的な撤去など会場ごとに対応を迫られている[57]との報道もあった。

　小池都知事は3月27日、東京五輪の選手村を新型コロナ感染者の一時滞在施設として活用する案を明らかにした。選手村に関して「権利関係など色々あるので、これらについて課題を整理していくという段階。選手村はいくつも機能があるので様々な検討をする」との考えを示した[58]。

　日本スポーツ振興センター（JSC）は2020年4月8日、政府の緊急事態宣言を受け、五輪選手らの強化拠点である東京都北区の味の素ナショナルトレーニングセンター（NTC）、隣接する国立スポーツ科学センター（JISS）などの施設の営業を同日から5月6日まで中止するとした[59]（その後、中止期間を5月31日まで延長すると発表）。

　日本代表選手は全競技で600人前後が見込まれており、JOCによると、その約7割が、開催国枠や自力で出場枠を獲得できている。このうち、5月4日現在で代表内定が出たのは、13競技の103選手となっている[60]。個人競技の場合、①世界ランキングなどに基づいて選ぶ、②国内選考会で選ぶ、③国

（2020年4月3日付東京新聞「ビッグサイト　都が借り切ったまま？」）。

57　たとえば、釣ケ崎海岸サーフィンビーチ（千葉県一宮町）については「1年放置すると台風や塩害の影響があるので、一度撤去する」との記載がある。そのほかにも、ビーチバレー（潮風公園）における砂への異物混入対策、馬術（馬事公苑）における馬場の砂の乾燥対策、スポーツクライミング（青梅アーバンスポーツパーク）における壁のホールドの管理、陸上（国立競技場）におけるトラックの品質保持　などである（2020年5月4日付下野新聞「設備劣化防止に腐心」）。

58　2020年3月28日付日本経済新聞「患者滞在に選手村活用案」。

59　NTCは、トップ選手の強化、育成拠点として、2008年1月にオープン。地上3階、地下1階の屋内施設に柔道、体操、レスリング、バドミントンなどの専用練習場があり、陸上トラックと屋内テニスコート、宿泊棟も備える。19年6月には五輪、パラリンピック共用で、水泳や卓球などの専用練習場が整備された「NTCイースト」も完成した。日本スポーツ振興センターが管理し、JOCなどが練習場を運用している（整備費は各々、374億円、194億円）（2020年4月9日付東京新聞「五輪トレセン　閉鎖」）。

60　2020年5月6日付読売新聞「予選の大半　再開見えず」。

際大会の成績を軸に選ぶ、の三パターンがある。①なら国際競技団体、②、③なら国内競技団体が主に対応策を考えることになるという見方があった[61]。IOC は既に獲得済みの出場枠は原則維持する方針を固めた。3月26日に全 IOC 委員で開いた電話協議や、国際競技連盟（IF）との間で開いたテレビ会議で説明された。各 IF は出場権の扱いについて協議を始めていた[62]。

　IOC が、東京五輪出場権にかかわる予選完了の期限を2021年6月29日に設定し、IF など関係団体に通知したことがわかった。2020年3月30日付の文書で延期に伴う改訂版ガイドライン（手引）を示し、各国・地域のオリンピック委員会からの出場選手登録については、締め切りを21年7月5日に定めた。また、IF が年齢制限の規定を弾力的に運用することも認め、当初予定の20年7月開幕で有資格者だった選手を、21年の五輪で対象に含めることも可能とした[63]。

　海外では、既に米国ラグビー協会が新型コロナの影響で財政難に陥り、連邦破産法11条（日本の民事再生法の相当）適用の申請を発表した。日本のあるマイナー競技団体の幹部は「一つ何かが崩れれば、連鎖反応で組織運営が一気に立ちゆかなくなるかもしれない」と懸念した[64]。

（5）経済効果への影響

　東京五輪の機材の搬送を請け負っているヤマトホールディングスは預かった荷物を自社倉庫で保管しているが、追加の保管料請求の精査をするという。JXTG エネルギーは、3月25日から五輪関連の CM 放送を中止した。予定していた聖火リレー開催イベントの中止も決めた。観戦チケットが抽選で当たるキャンペーンを実施している日本生命保険は、バスケットボール競技に応募した20組40人に当選を通知済みで、キッコーマンも既に当選者を決

61　2020年3月25日付朝日新聞「延期　五輪切符どうなる」。
62　2020年3月28日付毎日新聞「新日程『3週間』で決定」。
63　2020年4月4日付読売「予選期限　来年6月29日」。
64　2020年4月30日付毎日新聞「コロナ拡大　五輪へ試練」。

めており、各社は組織委と協議するなど対応を検討するとしている。組織委が国内スポンサーから集めた協賛金は3480億円である。第一生命経済研究所は五輪延期で20年度の実質国内総生産（GDP）が2.1兆円（0.39%）下振れすると試算した[65]。

　都は東京五輪の経済効果について、開催が決まった2013年から大会10年後の30年までで計32兆3000億円と試算した。競技会場や選手の宿泊施設などで需要が急増する建設業は7兆円で、国内外から競技観戦に訪れる人の宿泊や飲食などの需要でサービス業は6兆5000億円の効果があると見込んでいた。都で129万人、全国で193万人の雇用が生まれるとの見通しも示された。日銀も2015年以降、建設投資の増加などでGDPを毎年0.2〜0.3%押し上げると試算していた[66]。

5　東京五輪をどうすべきなのか─無観客試合を主軸に─

　これまでの検討から見えてきた知見を踏まえつつ、2021年7月の開催に向けた政策実施事業と第2節の理論研究との接合性、さらには今後の推移や方向性について考察する。

　1年間延期し日程を固めたという意思決定があったため、2013年9月から6年以上かけて行ってきた政策の実施がいったんリセットし、その意味では1年間で新たな政策（1年間延期した上での開催）を実施する段階に入った。東京五輪延期は、先述のマイケル・ヒルが指摘したところの政策の変化であり、そこには関係アクターの複雑な相互作用があり、一国の政府活動が国外（IOCや国際・国内競技連盟、海外メディアなど）に影響を及ぼし、一国の政府で

65　2020年3月26日付毎日新聞「大会下支え企業困惑」。ホテル業界では2020年夏の五輪開催を見込んでいた開業が相次ぐ予定であった（開発事業者は三井不動産、東武鉄道、森トラスト、JR東日本、プリンスホテル、京浜急行電鉄、住友不動産など）。2019年11月の試算では、都内の客室数は18年末の15万7000室から20年末には18万1000室への約15%増加であった（2020年3月26日付読売新聞「『特需なし』対応急ぐ」）。

66　2020年3月26日付毎日新聞「五輪の経済効果」。

は国外アクターをコントロールすることが困難で、国外アクターの介入を回
避することができない。

　政策実施としての東京五輪延期は、表1の枠組みから見れば、トップダウ
ン型とボトムアップ型の両方の特性が混在している。組織委のメンバーは
国・地方の政府職員、企業、団体のスタッフから構成される。開催国・都市
の人々の理解（世論の支持）が開催には不可欠である。スポンサー企業やハー
ド面・ソフト面の企業活動が五輪運営を支える。その意味ではボトムアップ
型の特性を備えている。一方で、延期かつその期間（1年）の決定そのもの
が政権主導であり、組織委による膨大な量の実務調整は、とくにその出発点
において強力なトップタウン型となっている。経済効果を至上命題とする
IOC、首相、都知事、組織委会長などの目的意思がトップダウンの指示系統
として実務のすみずみに及ぶ。

　そして東京五輪延期という政策実施過程では、IOC、政府、組織委、都の
間で追加経緯の負担をめぐって摩擦が生じ始めている。また、開催の最終決
定の判断時期（IOCは2020年10月と表明したことに対して日本側は否定）、再延期の
可能性の有無、無観客試合の可能性などをめぐっても、見解の相違が明らか
となっている。両者の協議なしにこうした見解が出される点でも、表2にお
ける「高位の摩擦」・「低位の透明性」の典型事例であると考えられる。

　東京五輪延期において、科学や医療の知見を取り入れながら、今後直面す
る事態についての予測を複数のパターンで検討し、各々の事態への対応につ
いても複数のパターンを用意する。そして、こうした情報をオープンにす
る。また、JOCはもちろん、選手個人や国内外の競技連盟、スポンサー企
業などの声を反映しつつ、同時にIOCと日本側、国内における政府と都、
組織委と都の間での見解の違いを提示しながら、協議のプロセスを透明なも
のにする。東京五輪延期の政策実施に必要なのは、こうした「高位の透明
性」・「低位の摩擦」ではないだろうか。

　先述のジャスパーらが指摘したブランド化は、製品、プロセス、人、組
織、場のいずれにおいても東京五輪にとっては生命線かつ不可欠の構成要素

であることがわかる。反面で、こうした要素が一つでも欠けると、東京五輪
ブランドに傷が付く。仮に世界的な人気選手がドーピングを犯したとすれ
ば、東京五輪全体のブランドは著しく損なわれる。東京五輪延期の実施過程
では、このブランド化を死守するだけでなく、いかにブランド価値を引き上
げることができるかが東京五輪に対する関係者や人々の見方・評価に直結す
る。ブランド・ベクトルは常に維持・上昇を要求されるのである。逆にブラ
ンド・ベクトルの欠損や下降は価値の失墜であり死活問題と受け止められ、
そのような状況に陥いるのを回避するためには、あらゆる手段が行使され
る。

　次に延期決定以前の論点では、延期決定後の課題を先取りするかような一
連の指摘があった。また、開催都市契約における IOC 権限の優位性や中止
となった場合の ICO や日本が被る痛手（前者では巨額な放映権料、後者では対
GNP 比や消費損失）についての言及があった。また、五輪憲章から延期の現実
性は薄いとの指摘や、今後の感染拡大を抑えたとしてもコロナ禍は、海外に
おける選手団の日本派遣など多方面に影響を及ぼすがゆえに予定通りの通常
開催は難しいのではないかという指摘、さらには IOC の意思決定に不信の
目を向ける見方があった。

　通常開催、延期（その場合はいつまで延期するかといった論点もあった）、中止と
いった想定されるパターンをめぐる見解が提示され、その意味では延期決定
以後よりも幅の広い想定課題が出された形となった。会場の調整や選手選考
のあり方など、調整実務に踏み込んだ指摘もあった。また、IOC や政府の
思惑に加えて、巨額な放送権料を出す米大手メディアの存在と開催時期との
関係や、中止の場合の大損失や延期の場合の追加負担の問題など、いわば想
定される政策実施をめぐる諸課題への言及があった。一方で、開催契約や五
輪憲章の規定から「延期はあり得ない」といったことや、陸上と水泳といっ
た世界選手権開催時期と延期時期との重複による日程設定の困難さ、さらに
はチケットの払い戻し、大会ボランティアの再募集など、延期決定後の実際
の展開からすれば、結果的ではあるものの、当初の懸念と比べれば杞憂に終

わったものもあった。

　さらに1年の延期が決定された後には、その年の秋開催や「さくら五輪」といった春の開催を期待する声も挙がり、新型コロナの感染拡大というその後の状況からすれば、理念としてはともかく現実味に欠ける論点が提示された。延期決定後の論点の特徴について、とくに延期を1年間としたことの評価について、少なくともその時点においては、関係者も世論も好意的に受け止める向きがあった。ところが、その後の世界的な感染拡大状況の中で、治療薬やワクチンの開発や使用・普及可能な時期への言及に絡めて、1年後の開催は困難だとされ、こうした悲観論が高まっている。

　コロナ対策に巨額な財政支出がある中での追加の大会経費を批判する声が顕在化しつつある。追加負担をめぐりIOCはどれだけ負担するのか、そもそも都にはこれ以上の負担能力はあるのか。政府負担の回避に正当性はあるのかといった論点が明確になりつつある。競技会場の使用をめぐる再調整やスポンサー企業との契約の見直し、組織委の運営体制、その他バスなどの交通手段や警備員の配置など、それらにかかる経費増加問題や人的資源の整備など、数々の調整実務をめぐる課題が噴出している。

　東京五輪の開催は難しいのではという風向きの中、現実にどうすべきなのか。この点について、示唆を与えてくれる二つの見解と一つの実践を紹介したい。その上で最後に私見を提示したい。

　政治学者の宇野重規は東京五輪について、「思えば、五輪とはあまりにも重たい『化け物』なのかもしれない。巨額の資金が先行投資され、やめるにやめられない。延期するにしても、各種の思惑があってままならない。（略）これだけの『化け物』を抱え込むにあたって、日本社会に真に民主的な決定過程があったのか疑問である」と述べている[67]。

　一方、エコノミストの永浜利広は、もともと多くの企業が五輪中の交通混雑を見越して、時差出勤やテレワーク、リモート会議などの準備を進めてい

67　宇野重規「五輪というハンディ」（2020年3月29日付東京新聞）。

たのが、コロナ問題の発生で、いや応なく取り入れなくてはいけない状況に
なったとみなす。コロナ禍（後）においては「デジタル技術によって遠隔で
の勤務や教育を実現する「リモート・ニューデール」の推進を提言する。政
府の役割は、ビジネスだけでなく、医療や介護、教育の現場でのリモート化
だとする。そのことにより、短期的な設備投資の押し上げ効果だけでなく、
中長期的な生産性の向上にもつながるという[68]。

　スポーツ関係者からは新型コロナ対策に協力する以下のような動きが出て
きている。病床整理のため、日本財団は 2020 年 4 月 3 日、東京・お台場のパ
ラスポーツ専用体育館「日本財団パラアリーナ」を活用する計画を発表し
た。同アリーナは 6 日から一時閉館となった。ボッチャも、常設コートのあ
る同アリーナで強化してきた。日本代表の村上光輝監督は「今の事態が収束
することが我々の競技力向上にもつながる」と語った[69]。

　先述の「化け物」という用語が社会科学において妥当であるかどうかは疑
わしい。しかし、1984 年ロサンゼルス五輪以降、商業・市場主義路線が浸
透・肥大化し今日に至った五輪ガバナンスの中枢には一貫して経済利益追求
があり、関係主要アクター各々の思惑が絡み合う構図の修正が利かない現状
となっている。先述の宇野による「化け物」という呼称はまさに現在の東京
五輪利害共同体を言い得て妙である。五輪憲章や五輪精神からすれば、経済
至上主義が中枢に居座る道理はない。「化けの皮を剥いで」いった場合に、
中枢にあるのは、アスリート（選手）とそれを囲み支える指導者やファン、

68　永浜利広「リモート化で生産性向上」（2020 年 4 月 9 日付日本経済新聞「五輪延期をどう生か
　　す」）。
69　2020 年 4 月 4 日付朝日新聞「パラ関係者『人命が優先』」。海外でもそのような動きはある。
　　サッカードイツ 1 部リーグのドルトムントは 4 月 4 日から、本拠「ジグナルイドゥナ・パルク」
　　を臨時的な病院として提供し始めた。サッカーのイングランド・プレミアリーグのトットナム
　　は、無料で医療を提供する国民保健サービス（NHS）や自治体のために施設を提供した。マン
　　チェスター・シティの施設では、NHS のスタッフが一部を研修スペースとして使用した。チェ
　　ルシーは、競技場に併設するホテルを NHS スタッフへの無償で提供した。全米テニス協会は 3
　　月 31 日、米ニューヨーク市のビリー・ジーン・キング・ナショナル・テニスセンターを臨時的
　　な病院にすると公式サイトで発表した（2020 年 4 月 7 日付朝日新聞「スポーツ施設　支援拠点
　　に」）。

さらにそれを支援する包囲する諸セクターの各層であるはずだ。この中枢の最後に位置するのはアスリートであり、「アスリートファースト」をドグマとして利用するのではなく、本来、アスリートが活躍できる場の形成こそが五輪ガバナンスのコアのコアに位置すべきである。今回のような世界規模での難題に直面した場合に、開催国・都市が主導して世界が英知を結集して死守すべき対象はアスリートそのものではないか。

　世界で感染の収束が見えず、とくに南米やアフリカでの感染拡大が続く中で、「東京五輪どころではない」といった風評が短期間でなくなるとは思われない。治療薬・ワクチン開発により、2021年7月までに国内外の観戦客に行き渡ると考えるのはあまりにも楽観的過ぎる。選手が練習場所の確保に苦慮する中で、果たしてトレーニングや選考会などの実施が開催に間に合うと言い切れるのか。

　東京五輪開催の原動力となっている関係者の市場経済利益至上主義という中枢を覆う「化けの皮」を剥がなければならない。とくにIOC会長、組織委会長、首相、都知事がこの価値観を共有し死守するためにタッグを組む政治行動を阻止しなければならない。しかし、そんな指摘は非現実的だと一掃されるであろう。IOC、組織、政府、東京都のいずれにとっても経済利益は死守すべき「生命線」であり、だからこそ「完全な形」での東京五輪に固執し続けているのである。

　しかし今回、東京五輪延期に向けIOCを動かしたのは、国外の選手や競技団体からの声であり、このことはIOCがそうした中枢外・周縁の声を無視して経済至上主義活動に固執することはできない証左となった。

　世界的に新型コロナの感染防止がどう展開するかは誰にもわからない。しかし、既に開閉会式や聖火リレーの変更（規模縮小）への着手を見れば、「完全な形」で東京五輪を開催することはもはや不可能なのである。開催の目標軸を今こそ設定し直さなければならない。目標として帰着するのはこの名称はともかく、無観客東京五輪以外ないと思われる[70]。選手1万1000人、関係者4万人以上といわれる中、万単位の人数の選手・関係者が無事五輪に参加

し、感染者を出さずに大会を終え、無事に出身国・地域に戻すという運営自体が至難な技となる。これを東京五輪開催目標の主軸に据えたらどうであろうか。

　訪日観戦客・旅行客や国内観戦客の大幅減少、運行・交通、飲食、ホテル、観光といった業界には大きな打撃となる。チケット収入の放棄や大会・都市ボランティアの大幅な縮小変更など、経済効果に及ぼすマイナス影響には計り知れないものがあるだろう。

　しかし、たとえば先述の永浜の指摘を東京五輪に活用・応用すれば、東京五輪を新たなレガシーを生む契機とできるのではないだろうか。同時に革新的な経済効果を生み出す起点となった五輪としてのレガシーをも残すことは可能ではないか。たとえば、デジタル技術でもって競技場での直接観戦の臨場感を演出するなど、リアル空間（競技場面）の魅力をリモートによって高め、リアルとバーチャルが融合する新たなスポーツ空間を至るところで創出する。そのためには選手・競技団体が声を上げなければならない。無観客五輪が自分たちのために必要だと主張するのではなく、社会的な価値や恩恵にスポーツが貢献することを提示し、東京五輪受容へと世論を変えなければならない。その力動を組織委、政府、都、さらにはIOCにおける五輪運営の透明化につなげなければならない[71]。「無観客」という名称の変更、たとえば”Tokyo 2020 AthLega”（アスレガ。アスリートによる遺産の形成という意味でAthleteとLegacyを合わせた造語）といったような、新たな様式による東京五輪実施の制度や事業のあり方については別の機会に譲りたい。

70　選手の中には、「無観客開催だけは避けてほしかった。スポーツはアスリートと応援してくれる人とが一緒に楽しむのが醍醐味の一つだから」（パラアスリートの山本篤）といった考えもある（2020年4月27日付日本経済新聞「あと1年　調整も実力」）。直接観戦客の有無と五輪参加とを比較考量しての決断は選手一人一人にまかせられなければいけないであろう。

71　既にその芽は現れている。すなわち、東京都は2月26日に東京五輪に関する収支について、毎月公表する方針を示した。「資金の使い道の透明性を高める」ために組織委に毎月報告を求め、都が公表するとした（2020年2月27日付朝日新聞「東京五輪の収支　都が毎月公表へ」）。

第3章　東京五輪の国家事業への変質

1　大会の延期へ

　2020年東京オリンピック・パラリンピック大会（東京五輪）の延期決定（2020年3月）以降、とくに同年5月から9月は、新型コロナウイルスへの対応が最優先される中、政府が五輪というメガ・スポーツイベントのコロナ対策に本格的に乗り出すまでの実務レベルにおける過渡期、空白期、揺籃期と位置づけられる。本稿ではまず、以下の六つのキーワードをめぐる先行研究、すなわち、政策変更要因、官民連携（PPP）、協働ガバナンスにおける意思決定、ネットワークガバナンスにおける協働メカニズム、組織の意思決定における参加型ガバナンス、政府の上層・中枢組織におけるスペシャリストとジェネラリスト、をめぐる近年の行政研究に注目し、各々の文献における知見を紹介する。

　次に上記4カ月間の新聞報道をもとに、国際オリンピック委員会（IOC）による一方的な追加経費拠出の表明、IOCバッハ会長や調整委員長などによる発言の戦略的意図、東京五輪大会組織委員会（組織委）や東京都（都）の対応における苦慮、政府によるコロナ対策や組織対応の変化、スポーツ競技団体の困惑などの動態に注目し、東京五輪の関係主要アクターの動きを時系列として把握・提示する。そして、こうした検討作業から、東京大会開催に向けてのコロナ感染防止対策などの課題や、輪郭を現したネットワーク組織体を対象とした考察を行う。

　新聞報道によれば、本稿執筆時において世界の新型コロナウイルスの感染者数は3000万人を超え、死者は95万人弱（2020年9月18日現在）となってお

り、少なくとも世界規模において収束の見通しは立っていない（大会延期が決まった2020年3月24日の世界の感染者数は約40万人）。こうした中、IOC・組織委、政府、都は、2021年7月23日の大会開催を前提に、簡素化の中身やコロナ対策の本格的な検討を開始した。なぜ東京五輪の主要アクターは開催に向けて実務レベルでの本格対応に突き進むようになったのか。2020年5月から9月の期間は、まさに東京五輪事業をめぐる過渡期・空白期・揺籃期に当たり、この間のプロセスとその特徴を記載することの資料的価値はあり、このプロセスの帰結として設置されたネットワーク組織体の特性を考察する意義もあると思われる。

2　政策変更、PPP、協働ガバナンス

　アニツァら（Annica Sandström, Andrea Morf and Daniel Fjellborg）によれば、いずれも政府プログラムの「政策中枢特性」（the policy core attributes of a governmental program）変更の十分なリソースとはなり得ないものの、政策変更の主要な促進要因は、下部組織外部からの強い「揺さぶり」（perturbations）、下部組織内部からの強い揺さぶり、政策志向型の学習行為、合意形成、の四つあるいはそれらの組み合わせである。また、当該政策に責任を有する連合が権限を保ち続ける限りにおいて、政策変更は停滞する[1]。

　アンソニーら（Anthony M. Bertelli, Valentina Mele and Andrew B. Whitford）によれば、官民パートナーシップ（PPP＝public-private partnerships）研究では、契約における計画の公共的価値実現の有無に焦点が当てられるが、この契約事業は、成功か失敗かを判断する明確かつ一般的な基準なしで進められる。PPP事業では、顧客の不公平感や当該プロジェクトのパラメーター（指針）

1　Annica Sandström, Andrea Morf and Daniel Fjellborg, "Disputed Policy Change: The Role of Events, Policy Learning, and Negotiated Agreements", *Policy Studies Journal*, (2020), Volume48, Issue3, 5.

の変更といった法律や規制の改正、正当な補償なしでの収用・徴収、政府義務の不履行、合意形成への交付者（grantors）の関与がある場合に政治的リスクが生じる。PPP のコアは、費用対効果と利益効率（efficiency gains）であり、PPP 選択の理由は公共セクターによる直接投資よりも、金銭に見合った価値のサービス（VFM=value for money）を高く提供できるからである。VFM が提供できなければプロジェクトは失敗となる。たとえば、インフラが設置されても、契約で定められたアウトプットよりも有用性が下回り、パートナー企業がその義務を果たすことができないために、調達価格の土台が崩れてしまった場合などが相当する。そして、PPP の中止は国家の競合力と発展にネガティブな影響を及ぼす[2]。

　タイラーら（Tyler A Scott, Craig W Thomas, José Manuel Magallanes）は、協働によって分野や管理の境界が超えられ、割拠主義を軽減させ、複雑なマネジメント課題が有効に解決される作用に注目した。大規模な政策ネットワーク内での協働の政策決定の動態において、協働プロセスにおける参加者数が増えると合意に達する可能性は低くなる。一方で、協働ガバナンスの有効性は、利害関係者によるスケールメリットの達成、情報や資源へのアクセス、買い入れを増やすための十分な関与に掛かっている。そして、政策ネットワークの構造は、協働ガバナンス活動の成果と結果を決定付けるのに重要な役割を果たしている。また、ネットワークの密度もネットワーク機能に影響を及ぼし、ガバナンスは不確実性のもとでの選択に関わらざるを得ないので、ネットワークはアクターが情報共有や学習を通じて不確実性を減らすための一つの様式である。タイラーらによれば、協働ガバナンス諸機関は、利害関係者をつなぎ、契約行為を可能なものとすることによって、そうした努力を「飛躍的にスタートさせる」（jump start）一つの様式なのである[3]。

2　Anthony M. Bertelli, Valentina Mele and Andrew B. Whitford, "When new public management fails: Infrastructure public–private partnerships and political constraints in developing and transitional economies," *Governance: An International Journal of Policy, Administration, and Institution*, Volume33, Issue3（2020）, 477-485.

3　協働メカニズム、参加型ガバナンス、スペシャリスト・ジェネラリスト

　マリーら（Marie-Christine Therrien, Julie-Maude Normandin）らは、表1のように、ネットワークガバナンスにおける諸アクター間の協働のメカニズムについて、三つの要因を設定し、協働を可能とするものと妨げるものに分けた。

表1　ネットワークガバナンスにおける協働メカニズム

ネットワーク及び協働ガバナンスの諸要因	協働を可能とするメカニズム（マクロ状況）	協働を妨げるメカニズム（ミクロ状況）
境界を超えた協働への要望	・協働へのインセンティブ ・過去の摩擦もしくは協働の経験 ・権限もしくは資源の不均衡	・個々の組織の論理やアイデンティティー ・変更や適応を妨げる制度的壁 ・組織の規準基盤
協働能力の創出	・プロセスなど手続・制度の整備 ・協働促進のリーダーシップ ・知識と資源の共有 ・事実・データ共有の合意	・ルーティーン存続と資源防護 ・組織ルール順守に対する報奨や制裁 ・組織モラルの防護 ・経済的もしくは権威的な処置に対する恐れ
動機（と価値）の共有	・ネットワークにおける使命 ・理解の共有 ・共通課題の明確化 ・共通価値の明確化	・組み込まれた日常ルーティーン ・制度的な前提 ・組織的な慣例

資料：Marie-Christine Therrien, Julie-Maude Normandin, "From Policy Challenge to Implementation Strategy: Enabling Strategies for Network Governance of Urban Resilience", *Risks, Hazards & Crisis in Public Policy*, (2020), Vol.11, No.3.326. を日本語訳。

3　Tyler A Scott, Craig W Thomas, Jos Manuel Magallanes," Convening for Consensus: Simulating Stakeholder Agreement in Collaborative Governance Processes Under Different Network Conditions," *Journal of Public Administration Research and Theory*, (2019), Volume 29, Issue 1, 32-34.

　フェンシュら（Fengxiu Zhang, Justin M. Stritch and Eric W. Welch）は、政府・行政による管理能力と民主的な意思決定（市民参加）との関係に注目し、政府の組織的対応能力（ORC=Organizational Response Capacity）を、目標達成に向けて組織がその構成、専門知識、行政資源を引き出すことで、予期せぬ事態に迅速に対応し支援を行い、問題解決に粘り強く取り組む能力だとした。危機において組織はリスク管理、情報整理、調整・協調展開をめぐり徹底的に検証される。それは官僚機構が専門性、知識、活動のノウハウを有しているからである。高度な管理能力を持った諸組織は危機を初期の段階で阻止し、危機が現れる諸要素を抑制することができる。そして、こうした組織能力の発揮は、組織の意思決定をめぐる参加型ガバナンス（participatory governance）とは相反する関係にある。一方で、政府組織の影響は、意思決定における市民参加と強く関係している。結論として、官僚的価値と民主的価値との間の緊張において、管理能力や技術的効率に重きを置く政府組織による影響は、参加の動態に影響を及ぼす[4]。

　ヴェルナーら（Werner Jann and Kai Wegrich）は、多くの政策課題が省庁や組織の境界を越えて、ある種の横断的な調整を必要とするメタ政策（meta-policies）に注目し、政府上層部において増大する複雑性と、様々な省庁・担当部門・執行機関における調整ニーズとの間で生じる緊張を指摘した。ヴェルナーらによれば、政府の調整プロセスを経て改正を行うためには、政府中枢へのより多くの権限と能力が必要とされる。政府上層部の能力はより広範に散らばった形での権限（連立政権、法律で固く守られた現状体制、政府上層部から自立する各省庁）のシステムでは発揮しにくいのである。

　そして、ジェネラリストは、あらゆる政策領域に関係する総合的な効率性や政府全体に及ぶ改革といったような非固有の政策を担いメタ政策を作動さ

4　Fengxiu Zhang, Justin M. Stritch and Eric W. Welch, "Tension in democratic administration: Does managerial confidence in administrative capacity reduce citizen participation in organizational decision-making?," *Public Administration*, （2020）, Volume98, Issue3, 676-688.

せる存在である。一方、政策作成は基本的にはスペシャリスト、すなわち、利害共有をベースとする政策ネットワークの政府・非政府のアクターの権限であり、基本的には領域特有の利害（domain-specific interests）の維持を志向する。メタ政策は専門家、政策担当部門、外部からの干渉に対する抵抗によって失敗する運命にあるが、ジェネラリストの権限を強化しスペシャリストを制約する制度的デザイン、すなわち十分な権限を持ったジェネラリスト部門（政策部門、規制部門、行政改革部門など）が形成されれば、ジェネラリストはメタ政策の組織的資源を、ネットワークを通じて専門知識の基盤と正当性を確立できる。また、メタ政策を官僚組織の政策決定ルーティーンに統合しつつ、フォーマルあるいはインフォーマルな形で適用・実施できる[5]。

　表2は、政治、社会、利益団体、専門知識といった区分とスペシャリスト・ジェネラリストの内容である。

4　感染防止策と簡素化が軸に

　2020年3月末に9032億円だった東京都の財政調整基金の残高は、コロナ対策で4967億円に半減した。さらに追加対策は3500億円規模となる見通しで、残額は1500億円まで減ることとなった。一方で、景気悪化に伴う税収の減収規模は1兆～2兆円に上る可能生があるとされた。東京五輪・パラリンピックの延期に伴う追加費用（3000億～6000億円）の分担（開催費用は組織委が資金不足に陥れば都が穴埋め。それができなければ国が補填という取り決め）についても懸念された[6]。

　IOCバッハ会長は2020年5月14日、東京五輪で最大8億ドル（約860億円）を新たに拠出する計画を決めたと明らかにした。延期に伴う追加費用のうち、

5　Werner Jann and Kai Wegrich, "Generalists and specialists in executive politics: Why ambitious meta-policies so often fail," *Public Administration,* (2019), Volume97, Issue4, 845-855.
6　2020年5月15日付東京新聞「感染対策　都の財政圧迫」。

表2　スペシャリストとジェネラリストの区分

区　分	スペシャリスト	ジェネラリスト
行政アクター：官僚、規制当局、執行機関	**専門化されたライン組織**：省庁、執行機関、諸担当部門、諸セクション	**調整組織**：政府中枢、財務省、予算部門、イノベーション部門
政治アクター：立案者、代表者、政治的事業家	族議員、専門委員会	セクター横断的な政治家、予算委員会
社会アクター：生産者、消費者、顧客、対象者、コンサルタント	**代表**：特定セクター、特定利害、地域	**代表**：一般的な利害、分野横断的な関心
利益団体アクター：意見表明者、動員者、代表者	集約、完全な組織化、高度な動員、低い執行コスト、集約的行動が容易	拡散、最小限の組織化、困難な動員、高い執行コスト、集約的行動の問題
専門知識	高度、詳細、固有政策領域	広範、全般、政策交錯領域

資料：Werner Jann and Kai Wegrich, "Generalists and specialists in executive politics: Why ambitious meta-policies so often fail", *Public Administration*, (2019), Volume97, Issue4, 850. を日本語訳。

　大会運営費に6億5000万ドル（約700億円）を負担し、国際競技連盟（IF）や各国・地域の国内オリンピック委員会（NOC）の支援に1億5000万ドル（約160億円）を充てることとした。日本側に大きな負担を強いる方針がより鮮明になった[7]。

　組織委と都による大会延期に伴う費用の削減案について、五輪とパラリンピックで計4回の開閉会式（予算上限130億円）を、開会式は五輪開幕時、閉会式はパラ閉幕時に行う形で合同開催とする案が浮上した。聖火リレー（予算規模約50億円）についても、各地での到着式など関連イベントを縮小する、聖火を分けて複数ルートを同時に走る案などが検討された[8]。

　IOCバッハ会長は5月20日、2021年の開催が無理になった場合は中止とする見通しを示した[9]。ジョン・コーツ調整委員長は、2020年10月が開催可否を判断する重要な時期になるとの見通しを明らかにした[10]。日本政府関係

7　2020年5月16日付下野新聞「IOC拠出　最大860億円」。
8　2020年5月16日付日本経済新聞「五輪　スリム化模索」。
9　2020年5月22日付朝日新聞「バッハ氏『来年無理なら中止』」。

者はIOC内で、大会開催への悲観論が強まることを警戒し、「ウィズコロナ」での開催可能な案を選択肢として示すべきだと判断した[11]。

　政府が感染防止策と簡素化を軸とした運営方針の見直し案を検討していることがわかった。本来こうした仕事は運営主体の大会組織委員会の役割で、政府の「前のめり」の関与が指摘された五輪とパラリンピックの開閉会式を合同で実施する案は、IOCなどとの調整がつかずに見送られた。観客削減の場合、チケット購入者（900万枚超が販売予定で、既に448万枚が事前抽選などで販売済み。海外向けには200万枚を用意）と個別に折衝し、払い戻す膨大な作業が生じるとされた[12]。

5　コロナ対策・簡素化案の輪郭

　この時点（2020年6月4日現在）における都と組織委によるコロナ感染防止や大会簡素化の案は、①観客（座席の間隔を空け、観客同士に距離。入場時に体温確認、手指の消毒）、②選手（式典での入場行進の省略や参加人数の絞り込み）、③運営（式典の時間短縮。来賓の絞り込み）、④競技場以外（選手村からの外出制限。選手、大会関係者を入国後、2週間隔離。選手、大会関係者全員にPCR検査。聖火リレーの期間短縮）、であった[13]。対象はIOCの検討分とあわせると250項目ほどになった[14]。小池百合子都知事は「サービスレベルの水準の最適化や合理化によるコストの縮減を進める」「簡素化しながら大きな期待につなげる役割を見出していく」と述べた[15]。

　政府の国家安全保障局（NSS）は5月下旬に、感染が完全に収束していない状況でも安全に開く仕組みづくりを関係省庁に指示した。また、6月4

10　2020年5月23日付下野新聞「東京五輪の開催可否　10月にも判断」。
11　2020年6月4日付読売新聞「開催への悲観論　警戒」。
12　2020年6月5日付東京新聞「中止回避へ『完全な形』修正」。
13　2020年6月5日付日本経済新聞「五輪　中止回避へ簡素化案」。
14　2020年6月5日付朝日新聞「東京五輪　簡素化を検討」。
15　2020年6月6日付毎日新聞「選手、観客ら事前検査」。

日、菅義偉官房長官（当時）は記者会見で「完全な形」に関し「世界のアスリートが万全のコンディションでプレーし、観客が安心で安全な大会として実施する」「IOC はワクチン開発を開催条件にしていない」とした。組織委の遠藤利明会長代行は予選や代表制の期限を理由に開催の判断は「2021年3月あたりになる」とした。IOC のベケール委員は、選択肢は来夏開催か中止しかないと語り、開催可否の最終判断は「来春になる」との認識を示した[16]。

　IOC が6月10日に理事会を開いた際に組織委は、①安全・安心な環境の提供、②費用の最小化、③大会の簡素化、の三つを基本原則とすると報告し了承された。9月から年末にかけて新型コロナの追加対策の検討を進め、2021年1～3月には本番に向けた課題の洗い出しに取り組むとのロードマップも示した。開催可否の最終判断の時期は、遅いほどワクチン開発などの時間が稼げるほか、世界の感染が落ち着き、開催可能性が高まるとの見方があった[17]。

6　中止回避で政府・都・組織・IOC が一致

　開催可否の決定権を握る IOC 会長に対して、政府には「開催可能な現実的案を示し、中止の選択肢を早急になくす必要」があった[18]。IOC のデュビ統括部長は、競技数や選手数といった大会の根幹に関わる部分は変更しないことも強調した[19]。

　政府の論点案は、①開閉会式（参加者の絞り込みや入場行進の省略）、②選手村（外部からの隔離や入村期間の短縮化）、③輸送体制（選手村・競技場から移動時の「3密」防止）、④競技（選手同士の握手や抱擁の禁止、用具の取り扱い）、⑤メディア

16　2020年6月10日付日本経済新聞「五輪『完全な形』修正探る」。
17　2020年6月11日付日本経済新聞「五輪開催　簡素化でも壁」。
18　2020年6月11日付読売新聞「五輪簡素化へ足並み」。
19　2020年6月12日付下野新聞「200項目、見直し検討」。

（取材方法の制限）、⑥観客（ウイルス検査、無観客・人数の絞り込み）、⑦暑さ対策（マスク着用による熱中症の予防）、であった[20]。

　IOC は 6 月11日、東京五輪開催の「目標に100パーセント集中しており、それ以外のことは単なる憶測だ」と中止論を打ち消す公式見解を発表した[21]。政府としては、あらかじめ開催可否判断の時期を決めてしまうと、それまでには収束しないとの医学的な見解が示された場合に、一気に中止論に傾く事態が予想される心配があった。一方、IOC としては2020年 3 月の延期決定時のように判断時期が遅れ、国際競技連盟（IF）や各国の国内オリンピック委員会（NOC）から突き上げられる事態を避けたかった[22]。2020年 7 月投票の東京都知事選に向けた各候補の主張内容は、東京五輪のあり方をめぐっては実質的な争点とはならなかった[23]。

　組織委が国内スポンサー企業78社（契約は20年末まで）に対し、20年 7 月にも契約延長の協議を始める意向を示していたことがわかった。大会の延期決定前に見積もられた組織委の予算では、国内スポンサー収入は3480億円で、全収入（6300億円）の55% を占めていた[24]。また、IOC が選手村滞在期間の短縮や公共交通機関の利用などの経費節減案を作成し、IF に提示していることがわかった。IF の役員や各国・地域の五輪委員会役員クラスですら組織委提供の公共交通機関利用カード、自費によるタクシー使用などを求めることを想定した。観客席の間引きや配置方法の再考、競技会場内の演出、表彰

20　2020年 6 月12日付毎日新聞「東京五輪　やむなき簡素化」。

21　2020年 6 月13日付朝日新聞「東京五輪中止論　IOC 打ち消す」。

22　2020年 6 月18日付下野新聞「組織委　期限明示せず」。

23　当時、現職の小池都知事は「簡素化、費用を縮減し、都民・国民の理解が得られるように開催する」とし、他の 4 候補は、「感染症対策の専門家が開催が困難と判断した場合、IOC に中止を働きかける」「2024年に延期をして行うことを目指す。公衆衛生が優れない国では感染拡大は止まらない。1 年後の感染状態は非常に悲観的だ」「4 年後、あるいは 2 年後に開催。この判断は東京ではなく、IOC にやらせる。費用も IOC が負担しなければならなくなる」「中止すべきだ。特効薬もワクチンもない。東京で安全に開催できるという保証がない。安全にできないと IOC 側に伝える」と訴えたものの、都民の関心はほとんど得られなかったといえる（2020年 6 月18日付朝日新聞「五輪　コロナは　違い鮮明」）。

24　2020年 6 月24日付朝日新聞「組織委、契約延長協議へ」。

式、会場の内外装の見直し経費節減が列挙された[25]。

7　追加費用、五輪会場・競技日程、入国緩和へ

　開閉会式の簡素化や無観客開催などは、テレビ局やスポンサーの意向、収入減などの事情が絡み、実現性は不透明とされた。中止を開催都市から提案すれば、費用負担をめぐりさらに不利な立場に立たされるとの見方があった。都の五輪・パラ準備局の職員は約460人、さらに組織委に約850人の職員を派遣しており、延期は都の組織体制（都政全体の人繰り）にも影響を及ぼし始めた[26]。中止の場合、すでにつぎ込んだ経費の多くは無駄になる。一方、簡素化して開催するにしても、「数年かけた準備を残り1年でやり直すのは至難の業」（組織委幹部）とみられた[27]。IOCが放映権をテレビ局に売却済みで、時間短縮などができないということであった。組織委会長は、「3時間ある開会式を短くすれば、経費は一番安くなる」とした上で「（IOCは）駄目だと言っている。すでに時間の枠を売っていて、違約金が発生する。組織委員会が払えるか」と述べた[28]。

　東京五輪会場をめぐり、2020年開催の前提で選んでいた会場が、全て1年後も使用できる見通しとなった[29]。五輪の競技日程は、2021年7月23日開幕に合わせる形で2020年に予定していた日程をそのままスライドさせることとなった。組織委は希望者全員にチケット（五輪で448万枚、パラリンピックで約97万枚が販売済み）を払い戻す方針を固めた[30]。政府が外国から訪れる選手や大

25　2020年6月24日付読売新聞「選手村滞在　短縮案」。
26　2020年6月24日付東京新聞「五輪追加費　負担はどこか」。なお、東京五輪で想定される関係者数（いずれも概数）は、選手1万1000人、大会スタッフ15万8000人（うちボランティア8万人）、メディア2万8000人である（2020年7月24日付下野新聞「これならできる？　東京五輪」）。
27　2020年6月28日付読売新聞「五輪　進むも退くも多難」。
28　2020年7月7日付東京新聞「『五輪開閉式　簡素化難しい』」。
29　2020年7月9日付読売新聞「五輪会場　来年使用可に」。
30　2020年7月10日付日本経済新聞「五輪の全会場、来夏確保」。組織委は2020年8月3日、パラリンピックについても五輪同様、日付を1日前倒しし、2021年8月24日開会式、翌日から閉会

会関係者らを対象にした入国制限緩和の検討に着手することがわかった。政府は大会の目的に限った入国緩和の仕組みを整えておく必要があると判断した[31]。政府高官は「年末までには、『日本はホスト国としての能力がある』というメッセージを国際社会に発信しなければならない」と述べた[32]。

　2020年7月13日、国家安全保障局、外務省、厚生労働省、東京五輪推進本部事務局など関係省庁が海外からの選手の受け入れなどについて議論を始めた。政府は杉田和博官房副長官がトップの会議体も発足させ、感染防止策を講じた五輪のあり方について具体的な検討に着手することとなった[33]。IOCのバッハ会長は、「さまざまなシナリオを検討している」と表明した上で「無観客での開催は明らかにに望んでいない」と断言した[34]。

8　日程・会場・予選方式の確定

　IOCは、東京五輪の1年延期に伴って修正された予選方式が全競技で最終決定したと発表した。五輪延期が決まった時点で約1万1000人の出場枠のうち57%が確定していた。各競技の予選期間は2021年6月29日までで、出場選手登録の期限は同7月5日となった[35]。IOCは2020年7月15日の理事会で、各国・地域の国内オリンピック委員会（NOC）に対し、年内に総額1億5000万㌦（約160億円）を追加支援することを決めた。最高位のスポンサー制度「TOPプログラム」による収入を分配するとした。東京五輪を目指す選手1600人以上を支える援助金の支給期間は22年8月まで延長し、計1500万㌦を充てるとした[36]。

　　式のある9月5日までの12日間、22競技539種目を行うとした。販売済みの計165万枚の観戦チケットは有効で、希望者には秋以降、払い戻すと発表した（2020年8月4日付朝日新聞「パラも日程・会場変えず」）。
31　2020年7月8日付下野新聞「東京五輪目的の入国緩和を検討」。
32　2020年7月12日付朝日新聞「ウイルス対策・五輪実現　板挟み」。
33　2020年7月14日付朝日新聞「選手の出入国緩和を検討」。
34　2020年7月17日付下野新聞「『無観客望まず』と断言」。
35　2020年7月17日付東京新聞「予選方式の修正　全競技出そろう」。

　東京五輪の競技日程が20年7月17日、当初の計画と同じ9都道県の42会場で行われることが確定した。1千件超の契約変更の交渉を進めるには「いつ、どこで競技をするのか」という前提条件が不可欠とされた。発売済みの448万枚のチケットもそのまま使える利点も挙げられた[37]。

　同日バッハ会長は、2021年の改選に出馬する意欲を表明し、IOC委員から支持の声が相次いだ。再選（1期目は8年、2期目は4年）が有力な見通しとなった[38]。バッハ会長は、観客削減を「一つのシナリオ」として今後検討していくとした。「熱狂的なファンに埋め尽くされた会場をめざしたい」とも強調した[39]。約100人のIOC委員からは新型コロナによる開催の難しさを懸念する声もなければ、具体的な感染症対策をただす声もなかった。バッハ会長は中止や再延期を訴える他の候補者に圧倒的な差を付けて再選されたことを挙げ、都知事選の「小池氏の圧勝こそが日本の人々の思いを明確に表している」と強調した[40]。「開会式は開催国の文化やおもてなしを披露する機会。選手、世界の人々にとって一生に一度のイベントだ。五輪精神の反映とポストコロナへの対応の正しいバランスを見つけると信じている」と縮小に前向きな発言は避けた[41]。

9　感染症・熱中症対策、無観客回避

　酷暑への懸念から組織委は今回限りの「特例措置」として競技会場への飲

36　2020年7月17日付東京新聞「各国のNOCへ160億円追加支援」。
37　2020年7月18日付朝日新聞「待望の五輪日程　でも」。基本的に延期前の日程を曜日を合わせてそのまま引き継ぎ、9都道県42会場、五輪史上最多の33競技339種目も変更はなかった。大会は開会式2日前の2021年7月21日、福島でソフトボール日本戦からスタート。同23日に開会式、8月8日に閉会式をともに国立競技場で行うこととなった（2020年7月18日付朝日新聞「来夏の東京五輪　日程・会場変えず」）。
38　2020年7月18日付下野新聞「バッハ会長が再選出馬表明」。
39　2020年7月19日付朝日新聞「五輪　観客削減も検討」。
40　2020年7月19日付毎日新聞「IOC　異論、影潜め」。
41　2020年7月19日付産経新聞「東京五輪『観客削減も』」。

料水の持ち込みを認めた。暑さ対策として待ち時間を最長20分とする観客入場時の手荷物検査も、検温や消毒作業が重なれば制限時間を守るのが厳しい。会場敷地内には冷却装置を備えた休憩所も設置されるが、多くの観客が集まれば、３密（密閉、密集、密接）を避けるのが難しくなり、暑さ対策とコロナ対策は相反する要素が多い。選手村でのバイキング形式の食堂やトレーニングジムの利用が制限され、選手らの移動手段の大型バスも「密」を防ぐため乗車人数を制限すれば、必要なバスの台数が増えてコストが膨らむ[42]。一方、映像画面から熱が伝わらなければ、人々を引き込むことは難しく、視聴率の低下を懸念する放送局の意向が、無観客回避や観客削減を難しくしていると指摘された[43]。

　この時点で東京五輪運営の課題として挙げられたのが、①入国（海外選手の入国緩和と PCR 検査の徹底）、②酷暑（マスク着用など感染症対策との両立）、③会場（選手、観客の消毒徹底や応援方法の制限。観客席の削減や使用期間短縮などの検討）、④ボランティア（人材確保と感染リスク下げる作業方法検討）、⑤財政（追加経費の全体像把握とその分担）、⑥選手村（大会中の食事提供方法の見直しや接触制限。大会後のマンションの入居遅れとその補償）、⑦選手輸送（乗車人数制限とそれに伴う追加車両確保。交通量抑制に向けた祝日再移動の法整備）、⑧警備（国際情勢を踏まえた計画刷新と警備員再確保）、⑨チケット（払い戻しに向けたシステム構築）、であった[44]。

　組織委はスポンサー契約を結ぶ企業に対し協賛金の追加拠出の要請を始めた。各スポンサーの具体的な負担額の提示は先送りしているとみられた。簡素化によって観客数が削減されると、企業にとっては PR の機会が失われか

42　2020年７月20日付毎日新聞「暑いのにマスク　課題」。
43　2020年７月20日付毎日新聞「テレビに配慮　無観客望まず」。IOC の収入の柱は７割を占める放送権料である。IOC が設立し、五輪映像を制作して各国の放送局に配信する五輪放送サービス（OBS）の総放送時間は2016年リオデジャネイロ五輪の7100時間から東京五輪では過去最大の9500時間に増える。IOC は米放送大手 NBC ユニバーサルと14年ソチ冬季五輪から32年夏季五輪まで総額約120億3000万㌦（約１兆2872億円）の大型契約を結んでおり、これは放送権収入の約半分を占めた（同）。
44　2020年７月20日付毎日新聞「延期五輪の感染対策やコスト削減に向けた主な運営課題」。

ねず、さらに、感染が収束せず五輪が再び延期されたり、開催そのものが取りやめられたりすれば、拠出した費用が無駄になるとの懸念が指摘された[45]。開幕直前に東京・国立劇場（千代田区）で開催予定だったIOCの大規模な式典の取りやめが決まった[46]。

10　コロナ対策、収入減、コスト削減

　2020年夏に使用予定で賃借料530億円を見込んでいた9都道県の43競技会場は、21年夏も使われるため、この時の予約を受けていた会場側への補償金などが必要となった。「青海アーバンスポーツパーク」（江東区）では屋外観客席の撤去が行われた。来夏まで設置しておくと劣化する恐れがあるためで、こうした仮設設備を改めて作る際には、新たな費用が掛かることとなった[47]。

　五輪延期は各国内競技団体（NF）の資金繰りにも影を落とすようになった。大会が開かれず、選手が競技団体に支払う登録料やスポンサー協賛金の減少に加え、JOCの独自財源から各NFに配分される強化交付金も総額20億円から8億円へと大幅に減った[48]。既に開催を見込んで多くの企業やホテル、店が設備投資をしてきており、経済損失が計り知れない「中止」という言葉は、大会関係者からは「おいそれと口にできない」状況となっていた[49]。熱中症やテロに備え、会場や選手村に医師や看護師ら1万人以上が配

45　2020年7月22日付下野新聞「五輪協賛金追加を要請」。スポンサーはIOCと契約する最高位の「TOPパートナー」（トヨタ自動車、パナソニックなど14社）のほか、組織委と契約する東京五輪に限った「ゴールドパートナー」（アサヒビール、NEC、野村ホールディングスなど15社）、「オフィシャルパートナー」（大和ハウス工業、三菱電機など32社）、オフィシャルサポーター（清水建設、ヤフーなど19社）の区分があり、それぞれ契約内容や協賛金の額が異なっていた。
46　2020年7月23日付下野新聞「IOC直前式典中止」。
47　2020年7月23日付読売新聞「要人警護、聖火リレー　難題」。
48　2020年7月23日付読売新聞「競技団体　強化費用に暗雲」。
49　2020年7月23日付読売新聞「中止なら　巨額の損失」。

置される予定だった。コロナ対応で医療機関は切迫しており、21年に計画通りの態勢を組めるかは不透明となった。夏にマスクを着用すると、熱中症のリスクが高まるため、医師らの確保に加え、感染と暑さ対策の両立も難しい課題となった[50]。

　たとえいくつものハードルをクリアし、感染対策を講じても、選手に感染者が出れば、その選手はもちろん、濃厚接触者とされたチームメートはその後の試合には出られなくなり、レスリングなど接触の多い競技では、対戦相手にも影響は及ぶことが予想された。大会に備えた大規模な検査態勢の整備、感染者が出た場合の消毒などの対応、出場可否のルール整備、携帯電話のアプリの活用も含めた濃厚接触者特定の仕組み作りなど、検討すべき課題は山積していた[51]。

　ジョン・コーツ調整委員長（7月17日にIOC副会長に）はビッグサイトについて、「オリンピック放送機構（OBS）は、国際映像の配信のために7000万ドル（約75億円）分に上るケーブルを敷設しており、コスト抑制の面からも重要だった」と述べた。無観客での開催可能性について、「選手の活躍をたたえ、熱狂を伝える大観衆は、五輪が生み出す感動の源でもある。IOCとしての理想は、あくまで満員のスタジアムだ。ただ、それが叶わないなら、観客数を制限した形での開催も検討し得る。最も大切なのは、選手たちの活躍の場を保証することだ」と発言した。開会式の簡素化に対しては、「伝統的な五輪の要素を変えることは容認できない。選手たちの入場行進、五輪旗の入場や掲揚、聖火台への点火、選手宣誓などだ。入場行進は、役員数の更なる抑制等はあり得るが、旗の下で行進したい選手が、皆行進できるようにすべきだ。コスト縮減は、演出部分の簡素化などで行いたい。選手の五輪体験には手をつけない。競技や種目の削減もしない」と答えた[52]。

50　2020年7月24日付読売新聞「コロナ対策　暗中模索」。
51　2020年7月23日付産経新聞「コロナ対策　高いハードル」。
52　2020年7月24日付読売新聞「東京五輪　困難克服の象徴に」。

11　選手強化、スポンサー、ホストタウン、追加費用

　ナショナルトレーニングセンター（NTC）は、2020年4月8日から1カ月半ほど使用停止されたが、緊急事態宣言の解除後、同年5月28日から再稼働した。ところが、東京を中心とした感染再拡大を受け、7月20日から、重量挙げやレスリング、バトミントンが相次いで7〜8月に予定していた代表合宿中止を発表した。強化活動についても不透明な状況が続いていた[53]。

　追加経費は細かい算定作業が必要になり、たとえば競技場の警備費をとってみても、コロナ対策として観客が2㍍以上の間隔をとって入場するのであれば、「最寄り駅から会場までの列が想定より長くなってしまう」（関係者）ため、配置する警備員の増強も計算に入れなければならないとされた[54]。東京大会のスポンサーとして契約する66社は契約が2020年末までのため、開催延期で契約延長が必要になった。そうなれば追加負担も伴うが、1社当たりの協賛金の相場は最高額の「ゴールドパートナー」で150億円程度とされ、追加分は数十億円規模と予想された。大会が無観客となればチケットキャンペーンなどができなくなるといったリスクも想定された[55]。

　政府は、海外選手の事前合宿の場となるホストタウン向けに、新型コロナウイルス感染防止対策の指針をまとめる方針を固めた。2020年秋にも関係自

53　2020年7月24日付毎日新聞「NTC合宿中止相次ぐ」。ナショナルトレーニングセンター（NTC）は各競技の専用練習場があり、宿泊や食事、医科学サポートを一体的に受けられる施設として2008年1月に開所した。先立つ01年10月に整備された隣接する国立スポーツ科学センター（JISS）とともに各競技の代表チームの強化拠点となり、メダル獲得に貢献してきた拠点施設であった（同）。

54　2020年7月24日付産経新聞「五輪追加経費　秋以降に議論」。

55　2020年7月24日付産経新聞「スポンサー企業　困惑」。その他にも、たとえば最高位スポンサーのアシックスは、用意した公式グッズの衣料品は、色落ちしないよう1年間も温度管理できる倉庫で保管しなければならなかった。また、トヨタ自動車は大会運営に約3700台の車両を用意したが、五輪仕様の車を他のイベントに転用するわけにはいかず、眠らせたままであった。さらに、五輪は国家事業においては「一抜けた」とは言い出しづらい雰囲気があるとされた（2020年7月24日付日本経済新聞「『一抜けた』とは言えない」）。

治体に通知するとした。感染防止策としては、練習会場の観客数の制限や、選手と接する機会が多い送迎車の運転手や宿泊施設の従業員ら関係者へのPCR検査の実施、宿舎での食事の提供方法なども紹介する方針を示した[56]。

　聖火リレーについては、組織委が全国47都道府県をめぐる当初の121日間の日程を基本的に維持する方針を政府が固めたことがわかった。2022年3月25日に福島県のサッカー施設「Jヴィレッジ」(楢葉町、広野町)をスタートする計画で再度、準備に入る見通しとなった。聖火リレーの場合、日数を減らしても経費圧縮の効果は薄いというのがその理由であった[57]。

12　不均衡な発言

　世界保健機関（WHO）のマーガレット・ハリス報道官は、IOCは無観客開催を含めた開催方法を検討する必要があるとの認識を示した。ハリス氏は、米プロバスケットボールNBAやサッカーのイングランド・プレミアリーグなどの無観客による試合再開に触れ、IOCは無観客開催を含めた「全ての選択肢を検討すべきだ」と主張した[58]。世界陸連会長でIOC委員のセバスチャン・コー氏が東京五輪を開催できるかどうかについて「確実性はない」と語った。スポーツ界がコロナ禍で混乱が続く場合は「別のタイプの大会創設について、既存の枠組みにとらわれず考えなくてはいけないのかもしれない」と語り、五輪の代替イベント検討の可能性についても言及した[59]。

　2020年9月7日、コーツIOC調整委員長は、東京五輪はウイルスが「あろうがなかろうが」開催されるとして再延期や中止はないとの見方を示し

56　2020年7月26日付読売新聞「五輪合宿地に感染防止策」。
57　2020年8月20日付日本経済新聞「聖火リレー　日程維持へ」。東京五輪の聖火リレーは、福島県をスタートして日本列島をおおむね時計回りに巡り、47都道府県、859市区町村を通過する計画である。ルートには世界遺産や各所旧跡、東日本大震災や熊本地震、西日本豪雨で甚大な被害を受けたエリアも組み込まれた。ランナーは約1万人で、各地にゆかりのある多くの著名人も選出される（2020年8月21日付東京新聞「聖火リレー　121間を維持」）。
58　2020年7月31日付産経新聞「東京五輪『無観客も検討を』」。
59　2020年8月23日付下野新聞「来年の東京五輪　『確実性ない』」。

た[60]。鈴木俊一総務会長（前五輪相）が、「感染症で十数カ国が参加できなくても、数の上から言えば五輪として成立する」と述べた[61]。バッハ IOC 会長は 9 月 9 日、「約300日後、世界がどうなっているかわからない」と述べ、大会の開催可否などの決定期限を定めるのは時期尚早との見方を示した[62]。

　バッハ会長の発言要旨は、①安全な環境での開催実現へ、今後の数週間でコロナ対策の異なるシナリオについて重要かつ集中的な協議を行う。②コロナに関係なく開催することの IOC 幹部の発言は全く問題ない。③ワクチンの開発は開催への一助となるが、特効薬ではない。④観客やチケットの扱い、最終的な開催シナリオ決定は時期尚早である。⑤テニスの全米オープンなど各競技の大会開催形式を参考にする、というものであった[63]。同日、WHO に従って、安全な環境でのみ開催する考えを強調した。組織委幹部は「もはや大会は（コロナと共存する）『ウィズコロナ』が大前提のようなもの。コーツ氏の発言は誤解を生む内容だったが、状況を踏まえて対策を考えてほしいという意味」と推測した。IOC の文書でも改めて WHO に従って開催可否を判断する姿勢を示した一方で、「WHO を国際世論からの防波堤とする姿勢は変わらない」との受け止め方があった[64]。

13　調整会議の設置

　新型コロナウイルス対策調整会議（調整会議）の初会合を政府が開くこととなった。20年12月までに数回開催し、中間取りまとめをする方針で、会議のトップには官房副長官が就任し、外務省、厚生労働省、出入国在留管理庁を含む関係省庁や組織委、東京都の幹部に加え、川崎市健康安全研究所の所長ら有識者がオブザーバー参加する見通しとなった。組織委は競技と選手を

60　2020年9月8日付下野新聞「IOC コーツ氏　五輪『中止ない』」。
61　2020年9月8日付朝日新聞「『十数カ国不参加でも五輪』」。
62　2020年9月11日付朝日新聞「五輪開催決定期限　IOC 会長示さず」。
63　2020年9月11日付下野新聞「東京五輪を巡るバッハ IOC 会長の発言要旨」。
64　2020年9月11日付毎日新聞「新首相に覚悟求めた？」。

「大会の根幹」と位置付け、基本的に当初計画の規模を維持する構えで、観客数の抑制や無観客開催のシナリオも検討の俎上に載せるとみられた。対策に必要な費用の分担も今後の課題だとされた[65]。

　主な検討課題として、①入国管理（自国出国、来日時にPCR検査で陰性証明。選手らの入国制限緩和）、②行動制限（選手らに外出自粛を要請。選手村、練習施設、競技会場に行動範囲を限定）、③観客（人数の抑制、無観客も検討か）、④感染防止　会場や用具の消毒（感染者を収容する医療機関、隔離施設を用意）が挙げられた[66]。また、組織委と政府、都は選手や観客らが新型コロナウイルスに感染した場合に備え、対応病床を東京だけでなく、神奈川や千葉、埼玉にも大会期間中、病床を特別に用意する考えを示した[67]。

　森喜朗組織委会長は、体調不良を理由とする安倍晋三首相の辞任表明後の8月28日、IOC会長らと緊急電話会談を行い、引き続き連携して準備を進めることを確認した。一方で、「招致から関わってきた安倍氏の退場は、IOCとの交渉に影響を及ぼす可能性はある」「新しい政権では、五輪の優先順位が今より下がるのは間違いない」との関係者による指摘があった[68]。IOCと組織委は2020年9月24、25日の調整委員会で、簡素化の大枠を取りまとめ、10月のIOC理事会に諮る方針となった[69]。

　政府は9月4日、新型コロナウイルス対策を検討する調整会議の初会合を首相官邸で開催した。計5回の会合を経て年内をめどに中間報告を示すとした。実現可能な対策を国内外に提示できるかどうかが焦点とされた。選手、大会関係者、観客について、出入国措置や感染対策、医療体制を検討課題と

65　2020年8月26日付下野新聞「来週にも五輪コロナ会議」。
66　2020年8月26日付下野新聞「新型コロナ対策会議の主な検討課題と想定される対応」。
67　2020年8月27日付日本経済新聞「病床　広域で確保へ」。
68　2020年8月29日付朝日新聞「森会長とバッハ会長　緊急会談」。
69　2020年9月1日付読売新聞「IOCもてなし　簡素化」。IOC総会は、五輪憲章で最高機関と位置付けられ、通常は年1回開催される。全委員（2020年9月現在は104人）が出席し、開催都市を決めたり、会長や委員を選出したりする。五輪が行われる年は大会に合わせて開催地で開くのが通例で、2016年リオデジャネイロにおいて、東京大会での野球・ソフトボール、空手など5競技の実施が決まった経緯がある（同）。

し、選手らの入国管理や輸送、選手村や競技会場の感染対策、大会関係者や
観客の感染対策の順で議論していく流れが確認された。計159カ国・地域を
原則入国拒否の対象にしているが、政府や組織委は、海外から訪れる選手ら
について、出入国時の検査による陰性証明や誓約書、行動計画の提出、滞在
中の行動制限などを条件に入国制限を緩和する枠組みを構築する方向を示し
た[70]。コロナ検査証明書の提出等を条件に、「短期出張者」の入国後2週間
待機を免除する仕組みの検討を始めた。入国後に定期検査する、専用バスを
用意して滞在先を競技場、練習場などに限るといった案が浮上した[71]。NBA
（米プロバスケットボール協会）などでは、選手らは滞在ホテルと競技会場の往
復以外、外部と接触を断つ「バブル」と呼ばれる対策が注目された[72]。

　206カ国・地域から約1万1000人の選手が出場予定の東京五輪をめぐり、
政府主導の取り組みが「開催への生命線」とみられようになった。本来、
IOC、開催都市、JOC が実動部隊の組織委を設置して準備を進めるが、近
年は規模も経費も巨大に膨れ上がり国家的事業の様相を帯び、コロナ禍で国
が担う感染症対策が最重要課題となり、大会実現の成否は政府が握る形と
なった[73]。

14　変質の帰結

　以上のように本稿では、政策変更、PPP、協働ガバナンス、協働メカニズ
ム、参加型ガバナンス、スペシャリスト・ジェネラリストといった近年の政
策ネットワーク研究のキーワードに注目し、分析の枠組みを提示した。その
上で、2020年5月から9月を延期決定後の東京五輪開催準備の本格化に至る
過渡期と位置づけ、この間の IOC、組織委、政府、都の対応行動や政策対

70　2020年9月5日付下野新聞「入国選手管理など協議」。
71　2020年9月5日付朝日新聞「五輪・パラ　コロナの難題」。
72　2020年9月5日付日本経済新聞「五輪・パラ選手ら免除案」。
73　2020年9月5日付毎日新聞「コロナ『制御』五輪の命運」。

応、関係者の発言、そこで明確になった課題などを、新聞報道から把握・抽出し、時系列的に提示した。

　以下、この間の東京五輪をめぐる関係アクターの一連の行動から見えてきた特徴について述べ、その帰結である政府コロナ調整会議を、上記主要アクターにおける集約ネットワーク組織体とみなし、この組織体の有する特性について、先述の文献研究からの知見と絡ませながら考察する。

　第1にこの間、開催都市である東京都の存在がまったくといっていいほど霞んでしまい、都の具体的な役割や対策の表明が後方に押しやられてしまった。もともと大会の延期決定では、都は意図的ではないかと思われるほど、あるいは責任回避ではないかと思われるほど、IOCとの交渉の前面に出てこなかった。コロナ対応は開催都市（都知事）の枠を超え、近代五輪至上例のない延期の決定は、国家（首相、政権）が乗り出さなければ引き出せなかったという側面はある。1年延期という政治的果実を、政権がある種の手柄として得ようとしたことも事実であろう。

　ただ、知事選をはさんで、この間の都知事の腰の引けた対応は明らかであった。その一番の要因は、コロナ禍対策への支出による財源（基金）の大幅な目減りであろう。税収の大幅減の見込みや追加負担への恐れも加わり、都はまさに「ない袖は振れぬ」状況に陥ってしまった。

　第2に、開催可否の決定権を持つIOC（会長や調整委員長）による促し・チェック・監視の声明・発言が、フォーマルあるいはインフォーマルな形で組織委・政府・都の開催準備の枠組みそのもののあり方へ影響を及ぼした。世論を常に意識し、また美辞麗句や五輪理想論を織り交ぜながらのIOC会長による発言は、随所にその影響力を発揮した。IOCによる一方的な追加負担費用の拠出表明などがそれに相当する。調整委員長による「コロナ禍があろうかなかろうが」発言をめぐっては、その火消しを図ったように見せながら、中止回避のメッセージを明確に打ち出した。同時に中止や大幅な簡素化（無観客や開会式の簡略化など）回避の姿勢も、そうなった場合の放映権者やスポンサーへの違約金をめぐっての負担回避（見方によっては組織委・政府・都

への負担転嫁）をちらつかせることも忘れなかった。こうして IOC は陰に陽に組織委・政府・都をコントロールし続けた。ただ、開催都市の世論は開催を支持しているという IOC 会長の都知事選の結果の受け止め方は、実際との端的なずれを示している。

　第3に、一方でこうした IOC の対応行動を決定付けているのが、IOC と契約し五輪資金の大口の「出資者」である放映権者やスポンサー企業であることが改めて確認された。組織委が開会式の簡素化（選手の入場行進をなくすことによる時間短縮）や無観客など各論レベルの検討に入ると、映像映えが損なわれ視聴率を稼げないといった理由から、即否定されたのである。聖火リレーやホストタウンの実施についても同様な理由なのであろう。市場経済における費用対効果を最重要視する放映権者やスポンサー企業にとっては至極当然の反応であろうが、その意味では五輪利害アクターにがんじがらめにされている IOC の裁量の幅は極めて狭い。しかし、たとえば入場行進を行う選手やパフォーマンスを繰り広げる人たちのマスク着用や密を防ぐ工夫はどうするのか。そのことが映像映えを下げてしまうといった懸念にどう対応するのであろうか。

　コロナ禍対応における大会の融通性は狭められ、大幅な簡素化及び費用削減の見通しは付かなくなった。一つ一つの事業経費を精査して切り詰め作業を行ったとしても、節減総額は、コロナ禍対策費で相殺されるどころか吹き飛ばされるであろう。コロナ禍対策費を東京五輪経費とせずに、別の政府予算として取り扱うといった「数字遊び」としての対処となるのではないか。

　第4に、この間、コロナの収束、さらには治療薬やワクチン開発とその普及の見通しが立たないがゆえに、開催する際の運営の中身は打ち出せないという考えを前提とした議論が進んできた。こうした基本姿勢の最大の欠陥は、対外的な説明がほとんど何もなされないまま、目標設定（スローガン）を打ち出すことによる反応や応答としての人々の理解と共感、さらには支持や期待、議論や関心が生じる展開がなくなってしまった点にある。東京五輪開催の可否や簡素化の中身などが、あたかも他人事であるかのような風潮に

なってしまったのである。しかし、こうした引き延ばし対応がコロナ禍対策において時限の限界を迎え、あくまでも東京五輪開催を前提としたコロナ感染防止や感染した場合の対処などが問われるようになった。その帰結が政府コロナ調整会議の設置であったといえる。

　第5に、東京五輪の招致活動開始時から強調された「オールジャパン」の招致体制、開催が決定したIOC総会での首相による福島第一原発事故をめぐる「アンダーコントロール」発言、新国立競技場建設の白紙撤回をめぐる政治主導パフォーマンス、リオデジャネイロ五輪閉会式において人気ゲームキャラクターに扮して登場した首相の政治利用、1年延期決定の同意取り付けで見せた政権主導のPRなど、東京五輪は節目において前首相が要所を押さえてきた。加えてコロナ禍が出現したことで東京五輪開催は国家の約束事に変質したのである。五輪開催の可否やその運営の中身は、コロナ禍の行方と対策次第となり、国家事業そのものとなってしまった。これまでの準備における開催を見込んだ関連投資の大きさや中止となった場合の経済的打撃の大きさを理由に、中止回避が大前提として固定された形での、国家の責任と威信をかけた一大国家事業となったのである。

15　東京五輪ネットワーク組織体

　政府の新型コロナウイルス対策調整会議（調整会議）は、事務方の政府トップである官房副長官が就任し、外務省、厚生労働省、出入国在留管理庁を含む関係省庁、組織委、都の幹部で構成され、感染対策の専門家らがオブザーバーとして参加する会議体である。組織委あるいは都を通じてIOCやWHOの見解が提供され、組織委・都を通じてIOCとの会議に伝達される。

　東京五輪を含め前政権の路線を引き継ぐ考えで総裁選に臨み、2020年9月16日に首相に就任した前官房長官の菅義偉は、前政権の官房副長官を留任させ、内閣の構成も刷新せず、東京五輪開催のスタンスは堅持する姿勢を示している（2020年9月現在）。政官関係においては前政権と同様に官邸政治主導

を継続する強い姿勢を見せている。その意味で政府コロナ調整会議は東京五輪中止回避という「政」の絶対的な命を受けて、コロナ対策を国家事業として打ち出すことで、「官」が開催を実現させる責務を担った会議なのである。同時にこの会議には組織委と都が入り、両者と政府（官房副長官が代表する形）が議論し、IOC（調整委員会など）とも密接につながっている特性がある。さらに表面化はしないものの、映像放送権者やスポンサー企業といった五輪事業の出資者のインフォーマルな意向がIOCの意思決定の方向や内容を左右する。調整会議は、こうした五輪市場アクターをも含んだ五輪ネットワーク組織体なのである。

　この組織体について、先述の文献研究における六つのキーワード、すなわち政策変更、PPP、協働ガバナンス、協働メカニズム、参加型ガバナンス、スペシャリスト・ジェネラリストの視点から分析する。

　まず政策変更について、今後調整会議は下部組織外部（たとえば海外の五輪選手の意見や世論など）や下部組織内部（放送権者やスポンサー企業など）から「強い揺さぶり」を受けることが予想される。一方で五輪組織体は中止回避とできるだけ多くの観客動員で一致しており、この面での政策変更はみられないケースも考えられる。

　次にPPPについて、官と民の共同体である五輪ネットワーク組織体はコロナ禍という歴史的な難題に直面している。中止の場合には、それ自体が政府の失敗であり、同時に市場の失敗となる。開催した場合でも両者の失敗のリスクを大会が終了（あるいはその後の評価が定着）するまで持ち続けなければならない。法律や規制の変更、補償の解決、政府義務の不履行など政治的リスクも避けられない。また、東京五輪が金銭に見合った価値（VEM）を達成できるかどうかもわからない。さらには中止となった場合には、国家そのものの競合力と発展力の低下につながってしまうのである。

　協働ガバナンスについて、東京五輪開催に向けたコロナ対策は、それが国内外で共感を持って受け入れられれば、分野や管理の境界を超えた形での割拠主義の軽減や複雑なマネジメント課題の解決の典型例となろう。一方で調

整会議は参加者数を抑制しつつ、五輪ネットワーク組織体における利害関係者（関係アクター）の間での合意形成をいかに図るかという任務を抱えている。調整会議はまさに不確実性（コロナの収束）のもとでの選択（五輪の運営）に関わらざるを得ないし、それは五輪ネットワーク組織体の構造とその結果としてのIOCの意識決定に掛かっている。調整会議の報告は五輪開催の努力を飛躍的にスタート（jump start）させる契機となるのであろうか。

　さらに協働メカニズムについて、調整会議には、諸アクター間や専門領域間の境界を超えた取り組みであり、開催（「ウィズコロナ」）という動機と価値を共有しながら、合意形成プロセスを経た上での対策の提示が求められている。各々を可能とさせる要因は、決定権者のIOCと都との権限の不均衡、知識と資源の共有、共通価値（東京五輪の理念など）であろうし、同時にそこには個別利害、制度的制約、組織防衛、組織慣例といった壁も存在する。最終的には五輪ネットワーク組織体の外側に位置する選手や世論などの外的アクターの賛同（参加型ガバナンス。動員型でない盛り上がり）が開催への必要十分条件となろう。そこではまさに官僚的価値と民主的価値との間の緊張緩和が問われるのである。

　スペシャリスト・ジェネラリストについて、この理論枠組みは調整会議とネットワーク組織体の特性を考える上で何を意味するのであろうか。東京五輪を開催可能とするコロナ対策はメタ政策へと変容した。また、コロナ禍以前のIOC・組織、政府及び都の担当部門を五輪という大規模スポーツイベンの開催という具体的な単一目的を達成するための事業体と捉えれば、それはスペシャリスト組織である。ところが、コロナ禍が状況を大きく変えた。今や東京五輪開催の命運は調整会議が打ち出す対策次第となった。その人的構成においてトップは首相の意を受けた官房副長官という省庁事務トップのジェネラリストである。これに関連省庁や組織委・都のスペシャリストが入る（有識者もスペシャリスト）。

　調整会議が今や国家事業に変質した東京五輪を開催すべく目指しているのは、ジェネラリストがメタ政策における組織的資源を活用し、ネットワーク

を通じた専門知識の基盤と正当性を確立しつつ、さらには、このメタ政策を
官僚組織の政策決定ルーティーンと統合し、フォーマルとインフォーマルの
両面から、国内外の多数派に受け入れられるような「英知」の政策なのであ
る。調整会議と五輪ネットワーク組織体には、行政、政治、社会、利益の各
アクターが有するスペシャリスト資質とジェネラリスト資質の混成ならぬ合
成の作用効果を発揮できるかどうかが問われているのである。

　そうはいっても、中止回避を大前提としたウィズコロナの東京大会の実現
という東京五輪メタ政策には、根幹的かつ致命的な欠陥がその出発点にある
のかもしれない。一連の経緯から浮き彫りになった五輪ネットワーク組織体
がどうしても譲れない価値は、東京五輪を絶対中止にできない（あるいは自ら
は中止を決して表明できない、表明してはならない）という構造的かつ呪縛的な価
値観である。仮にこの価値観が、一人歩きした初めに結論ありきの誤謬であ
るとすれば、その結末は、国家・国際レベルの大規模事業をめぐる政府（国
家）、国際組織（IOC）、市場の失敗に止まらない、「非英知」のメタ政策とし
て歴史的な禍根あるいは愚行に位置づけられるであろう。

第4章　東京五輪の政府中枢による管理の特質

1　コア・エグゼクティブとしての調整会議

　1年間延期となった2020年東京オリンピック・パラリンピック大会（東京五輪）の開催まで残り9カ月（本稿執筆時点2020年10月）となった。欧米などにおけるコロナウイルスの感染拡大状況の中で、世界的に見ても収束の見通しが立っているとは言い難い状況の中、開催に前向きな関係組織のスタンスはともかく、東京五輪開催の実際の可否について明確にはなっていない。

　延期決定以降の国際オリンピック委員会（IOC）、大会組織委員会、政府、都、日本オリンピック委員会（JOC）といった東京五輪の関係組織の意図や各々の間での調整の態様は、新聞報道や識者の間でどのように評価されたのであろうか。また、コロナ禍における東京五輪開催に関わって経費削減を初め、どのような諸要求が突き付けられ、対応が迫られたのか。さらには開催をめぐる風向き（スポーツ界や世論、関係者の受け止め方）の変化など、延期決定以降の時系列的に追う中で、見えてくる特徴は何か。

　とくに政府の新型コロナウイルス感染症対策調整会議（正式名称は東京オリンピック・パラリンピック競技大会における新型コロナウイルスの感染症対策調整会議。以下、調整会議と略）は、存在自体、東京五輪の開催がコロナ対策との絡みで最重要課題として位置づけられたことを示す証左であり、政府中枢（コア・エグゼクティブ）が有無をいわせず開催に突き進んでいる典型事例にもなっている。しかもこの政府中枢会議は、コロナ対策面からIOC・組織委を徹底的に支援する組織である。

　政策の優先順位が決して高くなかったスポーツ分野において、東京五輪が

絡むことで政策の最重要課題に位置づけられ、政府中枢が国家威信をかけて開催を後押しする状況が生じたのである。

　今や国家によるコロナ対策如何が東京五輪開催の可否を左右するかのような特異な様相を呈している。現象面だけを見れば、開催の是非や可否を論じる意味はもはや飛散してしまい、開催を前提とした東京五輪の国家管理が政府調整会議という舞台で展開しているのである。その背景には官邸主導の継続があるのは間違いない。

　本稿では、東京五輪開催の可否や開催する場合の中身を判断する時期が見えない状況において、大会延期決定以降数カ月間の関係組織間の調整の態様を明らかにし、この間の議論のポイントや識者の見解を提示する。また、この間の調整会議の設置に至る経緯について注目する。そして、この会議を政府中枢と位置づけ、東京五輪政策（コロナ対策）をめぐる国家管理の特質を明らかにする。

　以下、三つの政府中枢研究を取り上げ、各々の知見が本稿で注目する調整会議の特質につながっている点を示唆する。次に、2020年5月から同年10月までの数カ月間を対象に、経費節減やコロナ対策といった諸課題をめぐり、新聞報道や識者（感染症等の専門家を含む）の受け止め方を抽出・提示する。そして政府中枢会議の設置経緯を明らかにし、この会議の特質について、先行研究における知見の適用も含め考察する。

2　CPA、外部インセンティブ、スポーツ政策共同体

　ジョシュタイン・アスキムら（Jostein Askim, Rune Karlsen and Kristoffer Kolltveit）[1]によれば、党派横断的な被任命権者（CPA＝cross-partisan appointees）は、政権党のために監視し、大臣に党派を超えた助言を提供し、独立した形での政策作成権限の行使を含め、常勤被任命者として多くの任務をこなす。

1　Jostein Askim, Rune Karlsen and Kristoffer Kolltveit, "The spy who loved me? Cross-partisans in the core executive," *Public Administration*, (2018), Volume96, Issue2, 243-254.

CPA は連携・連結の吏員、すなわち緊張やネガティブな動態を生むのではなく、連携パートナーの間での信頼の構築に貢献する。

　政治的な助言を与えることを行政官は行わないし行うことができないのが通例である。加えて CPA は、当該省庁や関係省庁の大臣に対して対応策を執行させ得るような情報を保有することによって、政策提案を成功に導く基盤を用意する。また、省庁と議会をつなぎ、各省庁内での試行権限を持つことによって、さらにはメディアに課題を提示することによって、大臣の仕事量を軽減させる。

　多種多様な行動原理の状況におけるエージェントとして、CPA はネガティブな調整を超越した政策成果に影響を及ぼすための助言を提供する。官僚制機構の政策実施を監督する権限が CPA に委任された場合には、その影響力を巧みに行使する。党派を超えた監視と助言は、政策遂行のために CPA に与えられた資格であり独自の機会である。CPA は有用な政治的資源なのである。

　ラドスワフ・ズベック（Radoslaw Zubek）[2]によれば、EU による指令を国家レベルで置き換えるのは困難である一方で、その置き換え（transposition）は、指令を受け入れる政治的その他のコストを直接担う関係者の手中にある。EU 指令の置き換えは国内幹部（domestic executive）により推進される。政府が全体の責任を有する一方、EU 政策は内閣において正当な権限を有するメンバーによって立法・官僚的行為が取られた場合にのみ実施される。行政中枢（executives）は各省庁トップの大臣からなる集約的な組織であり、当該政策領域において独占的な管轄権を持っている。

　国家利益を EU レベルの決定作成に「アップロードする能力（the ability to 'upload' domestic interests to the EU-level decision making）」が重要である。EU 政策と国内状況との間の「フィット具合が貧しい（a poor fit）」場合には、置き換えをめぐる問題は増大するであろう。仮に高い外部インセンティブがある

　2　Radoslaw Zubek, "Core Executives and Coordination of EU Law Transposition: Evidence from New Member States", *Public Administration*, (2011), Volume89, Issue2, 436-437.

場合、置き換えをめぐる状況は劇的に変わる可能性がある。外部インセンティブは執行と反映のプロセスを生じさせ、置き換えを管理するための「集約的なルール作成（collective rule-making）」を生み出す。

　政府中枢の第一義的な任務は政府の集約的利害を明確にし、その目的を背景に個々の大臣や省庁を動員することである。この役割を有効なものとするために、中枢アクターには省庁のインセンティブ構造を変えることのできる制度的な権限と資源が備わっている。中枢は大臣や行政官の行為を監視し行為に対して報酬あるいは制裁を与える権限を行使する。政府中枢の強化は、省庁型の政府から首相省庁もしくは集約政府型の政府（prime-ministerial or collective government）への転換を意味する。

　マーク・グッドウィンら（Mark Goodwin and Jonathan Grix）[3]によれば、スポーツ政策に関わる多様な関係組織間のネットワークという名の下に、「構造化された権限の非対称性（structured asymmetries of power）」が存在している。イギリスにおけるスポーツ政策共同体の関係アクターは、以前は所管が曖昧な政府省庁に隠れた形で比較的知られずに分散化していたのが、短期間で政府政策における重要で分野横断的な領域へと変化した。1997年の労働党政府発足以来、スポーツは文化・メディア・スポーツ省（DCMS＝the Department for Culture, Media and Sport）の所管となり、学校スポーツを含む草の根（生涯）スポーツが政治的な対象となり、また、競技スポーツは前例のないほど国家による介入の対象となり、優先政策事項として取り上げられるようになった。

　2012年ロンド五輪の開催が決定した2005年以降、スポーツ政策の政治化がますます進められた。国家スポーツ政策の重点が、社会における生涯スポーツから競技スポーツへ移る契機となったのである。実際のところ、中央政府

3　Mark Goodwin and Jonathan Grix, "Bringing Structures Back in : The 'Governance Narrative', The 'Decentred Approach' and' Asymmetricica. l Network Governance' in the Education and Sport Policy Communities", *Public Administration*, (2011), Volume89, Issue2, 546-553.

によるスポーツ分野に対するコントロール傾向は1990年代半ばから進んでいた。1997年以降、年々、スポーツ政策を担う組織、慈善団体、非政府組織、連携、ネットワーク組織は競技スポーツと生涯スポーツの両方に対して、前例のない政府介入がなされてきたのである。

　イギリス政治において、今やスポーツは「最も分裂し、混乱し、摩擦のある政策共同体（the most divided, confused and conflictive policy communities in British Politics）」と位置づけられている。政府、スポーツ団体（NDPBs＝non-departmental public bodies）、ボランタリーセクター、私的セクターの間での多様で複雑な関係において、これら諸アクターの原則は、政府により予め決定された一連の優先事項を実施するというものであり、こうした基盤の上で活動が展開されているのである。最近の「スポーツのためのスポーツ（sport for sport's sake）」という政策標語は、健康スポーツではなく、以前にも増して競技スポーツへの政府資金の投入につながる標語である。五輪や世界選手権でのメダル獲得に向けたトップダウンによる競技スポーツの強化を政治は重要視する。

　スポーツの場合、非対称的なネットワークガバナンスにおいて、説明責任やコミュニケーションのラインは政府の財源交付機関、UK スポーツ、スポーツイングランド、文化省といった、下から上への流れとなっており、利害関係者や草の根スポーツの従事者への上から下への流れとはなっていない。政府中枢はスポーツ政策領域において「階層的な統制メカニズム（hierarchical control mechanisms）」を拡大・強化している。

3　批判・懸念・懐疑や期待・決意・希望の混在

　JOC をはじめとするスポーツ界の存在感は薄く、大会経費、選手強化費を国や都に頼っている引け目が無用な遠慮につながっている[4]との指摘が日

4　稲垣康介「政治主導の五輪　山下 JOC 会長、発信力見せて」（2020年5月16日付朝日新聞）。なお、本稿註の新聞はいずれも朝刊。

本国内であった一方で、2020年5月14日、IOCのバッハ会長は6億5000万
ドル（約700億円）を追加負担することを理事会で決定したと表明した。IOC
は、追加経費がどこまで膨らむか不透明な中で、負担の上限を先に線引きし
た形となった。他方で同年4月28日には、日本医師会会長による「有効なワク
チンが開発されないと、五輪を開催するのは難しいのではないか」との発
言があった。その他にも「ワクチンが世界の隅々まで行き渡るには2、3年
はかかるだろう。普通に考えれば来夏の五輪開催は難しい」「効果的なワク
チンが開発されても来年の五輪開催は難しい」「練習できる国もあれば、で
きない国もある。全ての国・地域が参加する五輪の性格を考えれば不公平感
が残る」といった声も挙がった[5]。

　また、「五輪特需」は終わったとし、スポーツ界だけでなく、各国・地域
の経済自体が大打撃を受けていて、今後、スポンサーを降りる企業は増える
だろうし、運営が難しくなる競技団体が続いてもおかしくない。日本の各競
技団体は五輪離れし、競技発展と選手の招来を最優先に考えるべきだ[6]、と
の批判があった。

　「こういう形に変えてきたならいい」と、国民が納得できる五輪に変える
べきで、エコスマート（必要最低限で賢く）かつエッセンシャル（必要不可欠）
なやり方に変え、「コロナ後」の時代の象徴になり得る大会なら、開催の意
義がある。延期による追加費用の報道を見ていると、都合のいい情報が、都
合のいいタイミングで、都合のいい人たちから出てくる[7]、との指摘があっ
た。

　観客席数の制限について、閑散とした観客スタンドは五輪の理想ではな
く、大会の追加費用を賄うためにはチケットを完売する必要があるため、慎
重に検討すべきだ。何が何でも簡素化し経費を圧縮しようとすれば、五輪と

5　2020年5月16日付毎日新聞「来夏の東京五輪　薄氷」。
6　2020年6月6日付朝日新聞「競技団体　五輪特需は終わった」。
7　池田純（Bリーグ3部埼玉ブロンコスオーナー）「最低限かつ不可欠な形ならば」（2020年6月7日付朝日新聞）。

パラの本質的な価値を損なう恐れがある[8]、との見解があった。

　IOC のバッハ会長は海外メディアに「2021年の開催が無理なら東京大会は中止」と語り、コーツ調整委員長は「開催の可否を今年10月ごろに判断したい」との意向を表明した[9]。

　経費削減をイメージさせる簡素化という言葉がしきりと使われることに、政治的な思惑が働いていると感じる。JOC をはじめ、当事者であるアスリート側、スポーツ界の意見はまるで聞こえてこない[10]、との批判があった。

　中止となれば、スポーツ界だけでなく経済など各界に影響が及び、日本の未来に大きな影を落とす。そのようなことは絶対に避けなければならないし、多くの国民により長い年月に積み上げられてきた夢を崩せない。日本の競技団体には、公的機関が示す感染予防のガイドラインを順守しつつ、早い時期に大会を開いてほしい。日本に行けば安全に競技ができるという安心感を世界に広げる努力をすべきだ。トップ選手が SNS で安全性を発信すれば、世界に伝わる。組織委について、とかく政治主導や官僚主義が指摘されるが、スポーツ関係者の努力が足りないのは否めない。スポ関係者の本気度が問われる正念場であり、また、組織にひも付けされていない人たちの大胆なアイデアも大事[11]、といった主張があった。

　IOC も組織委も崇高な理念を掲げながら過度に商業化された大会の矛盾ばかりが目立つ。大会の簡素化が決定されたが、そこでも五輪の原点に回帰して理念を訴えるというより、中止を回避して国内向けに経費削減をアピールする政治的な思惑がにじむ[12]、との批判が展開された。

　海外から選手・関係者以外は日本を訪れないことになれば、インバウンド（訪日外国人客）増などポジティブな変化につながる効果の大半は失われる。

8　2020年6月9日付下野新聞「本質的価値を損なわずに」。
9　津田俊樹「『6・23』を前に五輪の将来を憂う」（2020年6月9日付産経新聞）。
10　2020年6月10日付日本経済新聞「『五輪簡素化』選手の声発信を」。
11　渡辺守成（国際体操連盟会長、IOC 委員）「開催へ　本気度問われる正念場」（2020年6月14日付朝日新聞）。
12　2020年6月17日付日本経済新聞「五輪の理念　今こそ発信を」。

コロナ禍は、人々の交流拡大によって人口減に対応するやり方自体を否定している。本来目指していた姿と大きく変わりつつあるのに、十分な説明や議論もなく「開催ありき」で事態が進むのは疑問[13]、との声があった。

　政府にとって五輪開催は至上命令で、「再延期」や「中止」となれば経済損失は計り知れず、新型コロナの感染拡大で落ち込んだ景気が更なる打撃を受ける。こうした受け止め方の中、自民党のベテラン議員は「誰も来年(2021年)できるとは思っていない。やるとなったら、ブラジルやアフリカからも選手が来るが、それらの国での感染スピードは全く落ちていない」と語り、国内の感染を抑え込めたとしても開催は困難[14]、との見方が示された。

　臨場感を体験できる映像システムの開発が官民で進められており、それが実現すれば顧客の有無はもはや問題ではない。五輪を開催することは、人類は共通の危機に対して連帯して立ち向かうことができるというメッセージになる。だから大会は「開催することに意義がある」。リモートだろうが無観客だろうが、疫病に負けずに開催したということを人類の歴史に刻むべきだ[15]、との見解があった。

　リアルな観客が不在、あるいは少数の「リモート五輪」はどうか。インバウンドの観客が減って経済的に打撃を受けたとしても、実現すれば後世につながる大会となる[16]、との主張があった。

　IOCは感染拡大を受け、各国・地域の国内オリンピック委員会(NOC)やIFに計1億㌦(約107億円)を支援したが、2020年7月15日の理事会でさらにNOCに1億5000万㌦(約160億円)の追加支援を決めた。一方、選手約1万1000人の出場枠のうち43%が未確定のままである。多くの国・地域の選手が参加できない状態で強行開催すれば、大会の水準が保てるか疑問視だ[17]、と指摘された。

13　2020年7月8日付日本経済新聞「このまま進んでいいのだろうか」。

14　2020年7月19日付毎日新聞「感染対策　政府に難題」(カッコ内中村)。

15　真田久(筑波大教授。五輪史)「疫病に負けず　大会の形変えてでも」(2020年7月20日付朝日新聞)。

16　山本亮介(朝日新聞記者)「観客　リモートでも応援届ける」(2020年7月20日付朝日新聞)。

　簡素化を通じて次世代の五輪モデルを示せれば、後々東京が五輪の転換点だったと記憶されるかもしれない。開催は「スポーツを通じた世界平和への貢献」という五輪の理念にもかなう[18]、との考えがあった。

　最も重要なのは約1万1000人と見込まれる選手が各国・地域から参加でき、感染リスクを抑えながら「安全、安心」に競技できる環境を整えることである。五輪では観戦を国内の人のみに限定する方策も考えられる。組織委関係者は無観客については「今のところ想定していない」としているが、仮に無観客の場合でも、世界中から詰めかけるメディア関係者は、組織委のこれまでの想定では約2万8000人に上る[19]、との指摘があった。

　事前の検査や飛沫対策、入退場方法など、選手や観客をどうすればコロナから守れるか。東京大会の成否の鍵を握るのがプロスポーツ[20]、とみなされた。

　東京五輪は、インバウンド（訪日外国人）の増加や景気回復のための「経済イベント」としか思われていない。大会運営の迷走により、こうした「多様性」や「調和」「スポーツの力」といったメッセージは、醜聞を隠す美辞麗句としてしか受け取られなくなっていった。その意味で東京大会は五輪の歴史の岐路に立たされている、との批判があった[21]。

　選手には、五輪本番まで十分な練習環境が必要になる。出場者の選考プロ

17　2020年7月20日付毎日新聞「最高水準に疑問符」。

18　2020年7月23日付日本経済新聞「対コロナ「安全」重い宿題」。

19　2020年7月24日付下野新聞「選手の安全　最重要課題」)。

20　2020年7月24日付読売新聞「プロスポーツ　対策の手本」。対策経緯について、日本野球機構（NPB）とJリーグは2020年3月、合同で「新型コロナウイルス対策連絡会議」を設置した。計11回の会合を開き、開幕や再開、観客を入れる時期を慎重に見極めた。それぞれ感染予防のガイドライン（指針）を作成し、Jリーグでは、2週間ごとにJ1〜J3の全56クラブで選手のPCR検査を行い、陰性となった選手だけが試合に出場できるルールとした　プロ野球もサッカーも、当初は無観客で開催した。政府方針に従い、同年7月10日から5000人を上限に観客を迎えた。8月1日から「収容率50%」まで緩和する計画もあったが、感染拡大を受けて見送られた。プロ野球では開門時間を早め、座席によって退場時間に差をつけるなどして、入退場時の密集、密接を避ける工夫も取られた（同）。

21　川崎桂吾（毎日新聞記者）「中止やむなし？東京五輪」（2020年7月24日付毎日新聞）。

セスにも参加しなければならない。海外から入国する際の検疫や隔離も難題
だろう。観客は観戦チケットの有効性に疑問を持っている。「三密」対策で
入場人数が抑えられれば、観戦ができなくなるからだ。ボランティアには感
染リスクの高い高齢者、入国可否が不透明な外国人も含まれる。必要な人数
を確保できるのだろうか、といった懸念が挙げられた[22]。

4　風向きの変化

　観客があふれた華やかな大会を約束することは、コロナ禍においてふさわ
しくない。コスト削減は大会延期に伴う追加経費の一部を相殺するにとど
まっている。東京五輪が生き残る唯一の方策は、計画自体の大幅な見直しで
ある。選手・役員合わせて五輪時に 1 万8000人が集まる選手村はコロナ禍に
おいてふさわしくない。五輪の簡素化を図るならば観客の取り扱いは避けて
通れない課題だ、との指摘があった[23]。

　限られた競技、選手だけが集まって、映像として観戦するミニマムな五輪
も選択肢としてはあり得る。開会式などは、もう映像としてカメラ向けに
行っているので、現場よりもテレビで見る方が感動できる。もし無観客開催
なら、観客の存在が選手やプレーにどう影響するかデータが取れるし、観客
の力とは何なのかを学ぶ機会になる。テクノロジーの導入によって、少人数
で大会を運営できるようになるはずだ[24]、との考えが示された。

　無観客となれば、組織委は900億円を見込んでいるチケット販売収入を失
うことになり、とてつもなく大きな打撃となる。IOC バッハ会長が無観客
は望まないと言う背景には、まさにこの現実問題がある[25]、との考察があっ

22　2020年 7 月24日付東京新聞「開催への道筋は確かか」。
23　エド・フーラ（米国の五輪専門メディア ATR 編集長）「大幅簡素化　唯一の道」（2020年 7
　月24日付毎日新聞）。
24　為末大（一般社団法人「アスリートソサエティ」代表理事）「五輪開催　安全のリトマス紙」
　（2020年 7 月24日付産経新聞）。
25　2020年 7 月24日付下野新聞「理想忘れず柔軟な対応を」。

た。また、「五輪でいえば、国立競技場に7万人近く入れるのは到底無理。現状の感染状況では座席の間隔を空けて、1万人程度が限界ではないか」[26]との専門家の声があった。

　一方で、現在議論されている五輪の簡素化と、オンライン利用や放送配信手法の先鋭化は非常に相性がいい。五輪を支えているのが放映権料であることを考えても、放映配信に力を入れることは理にかなっている[27]、との見方があった。

　商業五輪となった現在はマーケット至上の新自由主義にからめ捕られている。今回の延期にしろ、IOCは膨大な放映権料を支払ってくれる米放送局NBCにお伺いを立てなければ決められなかった。そんなテレビ局の意向で五輪を真夏にしか開催できないことも問題である。投資回収の議論にすり替えられてはいけない[28]、との批判があった。

　五輪はプロ野球のような興行とは違う。それこそ競技を行うだけでもいいのではないか。本当に重要なもののために、どこまでしがらみを断ち切れるかが重要[29]、との指摘があった。また、簡素化というのはみすぼらしくなるということではなく、洗練されて、研ぎ澄まされたものになるイメージで考えるべきだ。単純にアスリートの美しさを見つめていきたいし、それが伝わる映画になればいい[30]、との考えもあった。

　少なくとも今の状況であれば無観客開催しかないだろう。ワクチンは年内に完成する可能性があるものの、生産体制がすぐに整備されるかはわからない。しかも、供給は「自国ファースト」になるため、日本に入ってくる数は限られる。また、接種は医療従事者や基礎疾患のある人、高齢者らが優先さ

26　2020年7月25日付産経新聞「五輪『密』なき風景へ」。

27　上林巧（追手門学院大准教授。スポーツファシリティ研究所代表）「コロナ禍の観戦　放映配信に力」（2020年7月26日付産経新聞）。

28　木村元彦「政治、商業主義と一線を」（2020年7月27日付東京新聞）。

29　池田純（DeNA初代球団社長）「時代に合わせて　正しく進化を」（2020年7月27日付産経新聞）。

30　河瀨直美（映画監督）「脱『飾りすぎ五輪』」（2020年7月29日付毎日新聞）。

れるとみられ、五輪開催を理由に選手に優先的に接種することができるか。
選手ばかりでなく、メディア関係者や観客に対しても必要になってくる。五
輪を開催するには、感染が落ち着いた状態が半年間は続かないと難しい[31]、
との懸念があった。

　大会延長による追加経費3000億円という金額は、具体的には組織委の人件
費など運営費の増加、競技会場や関連施設の再契約、補償などに伴う費用と
考えるべきで、総額3000億円程度で済むはずがない。ところが、こうした経
費は国のコロナ対策費として処理され、五輪・パラリンピックの直接的な追
加費用の枠外となるのだろう[32]、との批判があった。この頃から、観客を一
定数に制限するか、もしくは無観客とするなら、五輪もなんとか開催できる
のではないかと考える関係者は確実に多くなっている[33]、との見方が示され
た。

　プロ野球やサッカーJリーグなどの大規模イベントについて、政府は5000
人としてきた観客数の上限を撤廃し、大型スタジアムでは9月19日から数万
人が観戦できることになった。演劇や古典芸能などの文化イベントでも、
「定員の50%以内」とされた制限が撤廃されることになった。さらにスポー

31　三鴨広繁（愛知医科大教授）「来夏の開催　現状では厳しい」（2020年7月30日付産経新聞）。
　　この時期、中断していた米プロバスケットボールNBAが7月30日に約4カ月ぶりに再開され
　　ることが話題となった。移動による感染拡大のリスクを避けるため、米フロリダ州のテーマパ
　　ーク内のスポーツ複合施設に「隔離」して集中開催する異例の措置が取られた。この隔離エリ
　　アは「バブル」と呼ばれた。選手らは2回の検査で陰性と判断されるまでホテルで隔離される
　　ほか、滞在区域からの外出禁止など厳しいガイドラインに沿って試合に臨んだ。匿名で違反者
　　を「密告」するホットラインも開設され、違反者には罰金や出場停止、施設からの退去などの
　　処分も科された。選手やスタッフは試合以外でお互いに6フィート（約183㌢）以内の位置に5
　　秒以上いると警告音が鳴る「接近アラート」を身につけることが義務づけられた。また、新型
　　コロナ感染の予兆を知らせるとされる指輪型の装着機器「スマートリング」を希望する選手に
　　配布し、搭載されたセンサーで対応や心拍数などのモニタリングを可能とした。継続的な生体
　　情報に基づき早期に発熱を察知し、早期に発熱を察知し、感染の自覚症状が出る3日前までに
　　90%の確率で兆候が分かるとの報告もあった（2020年7月31日付毎日新聞「NBA『隔離』して
　　再開」）。
32　2020年8月26日付日本経済新聞「五輪開催　ごまかしは禁物」。
33　2020年9月8日付下野新聞「世界に安心が届くように」。

ツ以外において、10月からは政府の観光支援事業「Go To トラベル」の対象に東京都も追加される方針[34]、が提示された。

5　簡素化と五輪コロナ対策の輪郭

　組織委は2020年9月15日の理事会で、簡素化の対象が4分野、約60項目に及ぶことを明らかにした。9月24、25日のIOC調整委員会でIOCとの合意を目指す方針となった。対象となるのは、①大会関係者の人数削減とサービス合理化、②会場や輸送などのインフラ、③開閉会式の運営や聖火リレーの期間など、④スポンサー企業の契約延長などの収入関連、であった。組織委とIOCは6月に簡素化を進めることで合意しており、その後組織委は200を超える項目を一部集約するなどして整理した[35]。

　外国人選手らの入国を認めるための出入国管理に関する政府案の全容が9月15日、判明した。検査はまず出国前72時間以内に実施し、陰性証明を取得する。その後、空港での入国時、事前キャンプ地かホストタウンに到着時、選手村に入村時、競技前、の最低5回行うこととした。選手村や競技会場では組織委、ホストタウンなどでは自治体が検査を請け負い、組織委が結果を速やかに把握・共有するシステムも構築する[36]、とした。

　政府案によると、外国人選手らは入国後、原則、公共交通機関を使わず、バスなどの専用車両で移動する。空港からキャンプ地やホストタウンに向かう場合は自治体が車両を手配し、相手国と協議の上で移動ルート計画を策定する。通訳やガイド、運転手への事前検査の必要性の有無なども検討する。また、キャンプ地における練習では、会場の更衣室やシャワー室、トイレなどの動線の設定、消毒を含めた感染防止策が求められる。宿泊施設では部屋割りのほか、選手側とそれ以外のスペース、動線を分ける「ゾーニング」に

34　2020年9月13日付産経新聞「感染防止は変わらぬ軸だ」。
35　2020年9月16日付毎日新聞「東京五輪　簡素化60項目」。
36　2020年9月16日付産経新聞「五輪出場前に5回検査」。

も工夫を凝らす必要が出てくる[37]、とされた。

　組織委幹部が、1年の大会延期を申し合わせた安倍晋三首相（当時）とIOCのトーマス・バッハ会長の2020年3月の電話協議の場に官房長官だった菅義偉官氏が同席していた重みについて述べた。中止ではなく延期を選んだ意思決定の場にいた「当事者」として、以来、感染症対策や追加費用負担などの難題と向き合うこととなったからである。2021年夏までのコロナの世界的な終息は難しいとみられ、政府は9月4日、都や組織委と感染症の調整会議を発足させた。五輪選手らの出入国時の緩和措置のほか、検査の実施、医療体制の確立に向けて動き始めた[38]。

　組織委にとっては、政府が9月19日からイベント規制を緩和するのも追い風となった。プロ野球の巨人は9月21日の東京ドームの試合から、上限を1万9000人に引き上げた[39]。

　簡素化における見直し項目は当初約250あったが、IOCとの協議を経て、関係者が使用する家具・備品の見直しなど52に絞られた。一方、五輪33、パラ22の実施競技数や五輪・パラで計約1万5000の選手数、日程や会議などは従来の計画通り[40]、とした。

　政府はコロナ禍で159カ国・地域を原則入国拒否の対象にしていたが、9月18日、入国を原則拒否している国・地域から特例的に選手らを受け入れるための仕組みを整備する方針を固めたことがわかった[41]。また、政府は国内リーグやツアーに参加する外国人スポーツ選手の入国を特例で認めた。特例の対象は東京五輪の実施競技の国内リーグなどに所属する外国選手やコーチらで、政府が10日にJリーグやバスケットボール男子のBリーグなどの各団体に通知した[42]。

37　2020年9月16日付産経新聞「自治体の負担ずっしり」。
38　2020年9月17日付毎日新聞「五輪へ問われる『安全』」。
39　2020年9月18日付朝日新聞「コロナ下のスポーツ大会　模索続く」。
40　2020年9月18日付朝日新聞「五輪の費用削減　まだ200億円」。
41　2020年9月19日付東京新聞「選手特例入国制度を整備」。
42　2020年9月20日付日本経済新聞「五輪見据え　緩和へ一歩」。

　IOCバッハ会長は9月22日に公開した書簡で「スポーツはパンデミック
と闘う上で不可欠な要素だと広く認識されている。制限下でも大会を安全に
組織できることがわかってきた」と述べた[43]。

6　簡素化の結末

　2020年末の第5弾予算（Ｖ5）へ向け、算出に入るのは延期に伴う契約延
長などの追加経費とコロナ対策費であった。「基本的に追加経費は開催都市
である都、コロナの費用は感染症対策を担う国。合理的な理屈で整理でき
る」との楽観的な見方も出された[44]。

　IOCと組織委は2020年9月25日、経費削減とコロナ対策を見据え大会簡
素化策52項目で合意した。大会関係者（五輪では選手を除き約5万人）の10〜
15％削減などがその中身であった。会合ではコロナ対策の日本政府案も報
告された。

　簡素化の主な項目は、①大会関係者の人数を10〜15％削減、②会場の選
手関係者席を20％程度削減、③削減された関係者席は一般販売を検討、④
パラリンピック選手村のプレオープン期間を1日短縮、⑤開閉会式の一部関
係者のバス輸送やサービスを公共交通機関利用に、⑥大会関係者の運転手付
き乗用車の提供期間短縮、⑦聖火リレーの隊列の一部車両削減、式典の見直
し、⑧電子看板などの装飾を競技会場や選手村で30〜40％削減、⑨組織委
の人員を適正規模とするため原則年内の追加採用停止、であった[45]。

　組織委が2019年末に公表した大会経費の試算額は1兆3500億円であった。
組織委が6030億円を負担し、残りを東京都と国が捻出することとなってい
た。試算にマラソン・競歩の札幌移転、延期に伴う追加経費、負担者が未定
のコロナ対策費は含まれていなかった[46]。

43　2020年9月23日付下野新聞「東京五輪開催『自信』を表明」。
44　2020年10月9日付毎日新聞「追加費負担　ゴング」。
45　2020年9月26日付毎日新聞「五輪簡素化52項目」。

　組織委は同年10月7日、52項目の簡素化により現時点で約300億円の開催
経費の削減・抑制となる見通しだと発表し、年末に公表する第5弾（V5）
予算に反映させるとした。同日、オンライン形式で行われたIOC理事会で
報告した。組織委員の職員数は10月1日時点で約3500人であるが、大会時に
約8000人まで増強する計画は維持しつつも、追加採用について2020年は原則
停止し、可能な限り遅らせて大会間近にすることにした。コロナ対策費は国
内外からの観客の受け入れ規模によって大きく膨らむ可能性がある。暑さ対
策や道路整備費など大会関連費を含めれば、3兆円を超えると会計検査院が
2019年12月時点で指摘した大会開催費はさらに膨らむ見通しとなってい
る[47]、とみられた。

　残された課題として、①延期に伴う追加経費（数千億円）、②マラソン・競
歩札幌移転費（数百億円）、③コロナ対策費不明、の三点が指摘された[48]。

　IOCバッハ会長は同年10月7日、組織委が理事会で、52項目の簡素化で
約300億円の開催経費を削減できると報告したことには「大きな成果。ポス
トコロナの世界に五輪が対応するものだ」と高く評価した。「選手の体験に
手を加えることはない」として開会式の入場行進は実施すると明言した[49]。

7　調整会議とIOCの後押し

　政府と都、組織委は2020年9月23日、五輪に向けた調整会議の第2回会合
を首相官邸で開き、海外選手らの出入国管理や検査体制、国内移動ルールの
具体案を協議し、年内に対策をまとめるとした。国内移動のルールについて
は、①日本国内で全行程を登録、②原則、専用車両で移動、③移動に関する
感染防止策の策定、が提示された[50]。

46　2020年9月26日付読売新聞「追加経費　組織委に難題」。
47　2020年10月8日付毎日新聞「五輪簡素化300億円止まり」。
48　2020年10月8日付読売新聞「経費削減『聖域』にも」。
49　2020年10月9日付東京新聞「五輪『海外からの観客前提』」。
50　2020年9月24日付日本経済新聞「コロナ下の五輪へ着々」。

　政府案によると、海外選手は出国前72時間以内に検査を受け、陰性の検査証明書を取得した上で来日し、入国時の空港や競技開始前など来日後も複数回検査を実施する。日本での行動範囲も練習場や宿泊先に限定する一方、選手の体調維持を目的に海外からの入国時に求められる14日間の待機は免除する。事前キャンプ地やホストタウン、選手村への移動も原則バスなどの専用車両とし、公共交通機関の利用は避けるなど感染防止を徹底する。日本側が定めた指針に沿った行動計画書の提出も求め、入国時に計画書通りに行動する「誓約書」に署名してもらう、というものであった。各国・地域のオリンピック委員会（NOC）の担当者が選手の行動を管理する仕組みであり、IOCはWHOに開催可否の判断を委ねるという見方もあった[51]。

　東京五輪の準備状況を確認するIOCの調整委員会が9月24日、2日間の日程でオンラインで行われ、バッハIOC会長は「政策のツールボックス（道具箱）を用意し、適切な時期に正しい決定をすべきだ」と述べた。菅首相と9月23日に電話協議で連携を確認したことにも触れ、「我々は同じボートに乗り合わせている」とたとえた[52]。

　組織委に実質的な黒字が出た場合、その20%をIOCが受け取る契約だったが、IOC理事会は10月7日、契約を改定し、取り分を放棄して組織委に譲ることを承認した。IOCが東京都などと結んだ開催都市契約では、開催後に組織委に剰余金が出た場合、IOCとJOCに各々20%、組織委に60%の割合で配分することになっていた。配分は組織委80%、JOC20%となる、とわかった[53]。

　菅義偉首相は、2020年9月26日午前（日本時間）、事前収録した動画メッセージを流す形式で国連総会の一般討論演説を行い、東京五輪について「人類が疫病に打ち勝った証し」として開催する決意を表明した[54]。森喜朗組織

51　2020年9月24日付毎日新聞「五輪　進む準備残る不安」。
52　2020年9月25日付毎日新聞「五輪必ず成功させる」。
53　2020年10月9日付朝日新聞「IOC　黒字でも取り分放棄」。
54　2020年9月27日付朝日新聞「コロナに勝ち、五輪を」。

委会長は9月28日、東京五輪について「どんなことがあっても、来年は必ず
やる」と述べ、開催可能だとの認識を強く示した[55]。同日、橋本聖子五輪・
女性活躍相が講演後の質疑応答で、「中止はありません。あまり考えていた
だかなくていいです」と述べた[56]。

　政府や組織委が、競技を終えた選手に選手村からの迅速な退去を促す案を
検討していることがわかった。選手村の開村期間は、五輪は2021年7月13日
〜8月11日、パラリンピックは同年8月17日〜9月8日となる予定で、期間
中、選手村で選手やスタッフら最大約3万人が活動し、メディカルセンター
や食堂を備えた一大拠点となる、とみられた[57]。

　IOCバッハ会長が9月24日のIOC調整委員会で異例のスピーチを行い、
東京五輪を「成功裏に開催できると確信している」と述べたことに関して、
8月以降、全米オープンテニスなど、コロナ禍が広がる欧米諸国で国際大会
が開催される事例が続き、コロナと共存する中での競技大会開催を国際世論
が容認する方向に動きつつあるとIOCが判断した、との見方があった[58]。

　バッハ会長は10月7日、東京五輪の無観客での開催に改めて否定的な考え
を表明した。「海外からの観客がいることを前提に動いている」と述べた。
同会長は「会場を満員にできるか、他の方法を取るべきかは分からない」と
して、観客数を制限する可能性にも言及した[59]。

　バッハ会長は同日、プロ野球やサッカーのJリーグが観客を入れて開催さ
れている実績と、自転車などの世界選手権が欧州で実施された例を理由に
「大きなイベントが開催可能だと証明された。日本の人々にとっても自信を
与えてくれる」と指摘した。開発を見込むワクチンや短時間で結果が出る検
査法を大会計画に反映させる考えを示し「安全な五輪開催に自信を持ってい
る」と強調した[60]。

55　2020年9月29日下野新聞「五輪開催可能と森氏」。
56　2020年9月29日付読売新聞「橋本五輪相『中止ない』」。
57　2020年9月30日付日本経済新聞「選手村　競技後すぐ退去」。
58　結城和香子「五輪への『心証』転換狙う」（2020年9月30日付読売新聞）。
59　2020年10月9日付下野新聞「海外からの観客『いること前提』」。

　政府は10月9日、国際大会や海外合宿などから帰国する日本人選手について、新型コロナウイルス対策の行動制限を条件付きで緩和するとし、即日実施された。対象はJOC、JPCの強化指定選手や関係者らで、14日間の待機期間中、外出は自宅など滞在場所と事前登録済みの練習場の往復に限る行動を認めた。公共交通機関は使わず、行動計画書を事前にスポーツ庁に提出する必要がある、とした[61]。

　政府や都、組織委は10月9日、新型コロナウイルス対策会議の第3回会合を開いた。選手村での感染防止策などを議論した。選手の滞在先は選手村か、自治体が手配する宿舎、各国のオリンピック委員会（NOC）が独自で手配するホテルなどに限定する。今後、大会時の医療体制や観客の感染対策についても話し合い、年内に中間整理を行う。組織委幹部には「100万人、200万人が海外から観戦に来る。完全な行動管理は現実的でない」との考えもあった[62]。

　風向きが変わったのは9月23日開催の調整会議であった。ここで選手らの出入国管理や検査態勢などの感染防止策が初めて示された。選手ら大会関係者以上に難しいのが観客への対応になる。入場時の体温検査や消毒の徹底、距離を保っての座席利用など対策は限られるだけに、東京五輪でどの程度観客を入れるかは大きな課題となる。組織委の担当者からは「観客はゼロか100％かだと思っている。その中間というのは難しいのでは」と述べられた。販売済みのチケットについて誰を入れて誰を入れないかの差別化も難しい、とされた[63]。

60　2020年10月9日付産経新聞「五輪　海外客を前提」。一方で2021年夏の東京五輪の2カ月前に開催予定だった生涯スポーツの国際大会「ワールドマスターズゲームズ（WMG）2021関西」が、1年程度延期される見通しとなった。WMGは国内外から過去最大規模の5万人の参加を見込んでおり、「WMGの参加者の扱いが、五輪の試金石になる」との見方もあった。東京五輪は各国の委員会が選手団を組織して行動を管理できるのに対し、WMGは選手が観光客と同じように来日し、ホテルや移動手段も自分で確保するため、行動管理が難しかった、というのがその理由であった（2020年10月10日付朝日新聞「五輪へ影響　心配の声」）。

61　2020年10月10日付朝日新聞「政府　行動制限を緩和」。

62　2020年10月10日付日本経済新聞「組織委、コロナ対策提示」。

　日本体操協会は2020年10月10日、国際体操連盟（FIG）が11月 8 日に体操の国際大会を東京・国立代々木競技場で開催すると発表した。延期決定後、五輪競技の国際大会が日本で開催されるのは初めてで、大会は日本、中国、ロシア、米国の計 4 カ国の男女トップ選手（32人）らが参加し、2000人を上限に観客を入れて行う、と発表された[64]。

　プロ野球や J リーグなど不要不急の産業とも言われてきたスポーツ界が、ウィズコロナの社会的実験の色合いも帯びつつ先頭集団を走る、との指摘があった[65]。

　調整会議の分科会が10月15日、プロ野球の試合（会場は横浜スタジアム）を満席に近い状態で実施する検証実験を了承した。対象は10月30日〜11月 1 日の横浜 DeNA ベイスターズ―阪神タイガースの 3 連戦で行われる試合であった。神奈川県や市に加え、NEC や LINE、KDDI のほか、ベイスターズの親会社のディー・エヌ・エーも参加すると発表した。

　一方で、感染対策と経済の両立を最重要課題とする管政権に対して、「国はオリンピックを意識した『（イベント開催の）制限撤廃』という事実をつくりたいのだろうが、感染者数をみれば、このタイミングでの実施には懸念が大きい。感染のリスクがあるのはスタジアム内だけでなく、帰り道での会食なども想定されるため、観客の行動をコントロールしきれない以上、本当に感染者が出なかったのか事後的に検証できることも限られる。GoTo キャンペーンや検閲態勢など、一つ一つの検証がなされないまま、矢継ぎ早に制限が緩んでいる」との批判があった[66]。

　10月16日、選手村に専用の保健所機能の設置が検討されていることがわかった。下旬に開かれる政府、都、組織委による整会議の第 4 回会合で協議することが明らかになった[67]。

63　金子昌世（産経新聞運動部長）「ウィズコロナの『東京五輪』」（2020年10月10日付産経新聞）。
64　2020年10月11日付毎日新聞「東京で国際体操大会」。
65　2020年10月15日付日本経済新聞「観客動員　徹底対策」。
66　2020年10月16日付朝日新聞「プロ野球満席実験　賛否」。
67　2020年10月17日付下野新聞「五輪選手村に保健所機能設置」。

8　調整会議の特質

　以上のように東京五輪開催をめぐる一連の経緯を追う中で、コロナ禍における開催をアスリートからの発信のなさや感染防止の観点から批判する見解がある一方で、簡素化がこれまでの五輪の肥大化や商業化を見直す契機ともなり、そのことがレガシー（遺産）になり得るとする見解があった。

　コロナ禍においても国外の国際スポーツ大会が開催された事例やJリーグ・プロ野球などの試合が一定の観戦客を入れて行われていること、とくに後者では観戦客の増加が可能となる見通しであることなど、東京五輪の開催も工夫次第で可能だとする指摘があった。

　簡素化によるコスト削減については、IOCやスポンサーの意向が壁となって、IOC会長などを例外として、総じて小幅なレベルに止まってしまったとの評価がほとんどであった。都、政府、組織委の追加経費の分担を懸念する点で一致していた。

　IOC会長の発言はいずれも開催に向けた機運醸成を狙うものであった。開催国内の動きを注視しタイミングを計りながらの卓越あるいは空虚とも取れる修辞表現を連発するスタイルは変わらなかった。

　また、チケット収入とも絡み無観客試合は避けて、どのような形態かはともかく、観客を入れた東京五輪を目指す輪郭が浮かび上がったものの、感染対策の観点から疑問視する声もあった。

　この間、最も顕著な状況変化の契機は、2020年9月23日の第2回調整会議において、東京五輪コロナ対策における各論の具体像が提示されたことであった。専門家や識者の見解とは異なり、政府中枢から実施度の高い対策が打ち出されたのである。その実効性を問題視する声はあったものの、政府中枢の威信を賭けたともいえる行動に、東京五輪はその形態はともかくとして、開催自体は可能という風向きの変化が、IOCの援護射撃と相俟って生じたのである。観客対応の欠如などが指摘される中で、政府の本気度が良く

も悪くも以前よりは社会に浸透していったように思われる。

　また、これを契機に東京五輪開催をコロナ対策によって実現するという政府中枢の意思が明確に示された。東京五輪のために徹底的なコロナ対策を行うとした政府中枢にIOCが諸手を挙げて賛同し後押しするのは当然であろう。2020年9月23日の調整会議開催を境に、調整会議とIOCの一体的相互連携が際立ったものとなった。一方でこの間、開催都市の東京都の存在感はほとんどなかった。

　調整会議が事務方の内閣官房副長官を議長とし、IOCの実務を担う組織委、開催都市の東京都、コロナ対策を所管する厚労省、コロナと経済活動との両立を担当する経産省、要人接遇に対応する外務省、出入国在留管理庁やスポーツ庁といった省庁を束ねる会議構成だけを見れば、議長が政策重要課題に対応する調整者としての役割を果たす会議であるかのように見える。

　しかし、安倍前政権の意向を引き継いだ管現政権の東京五輪開催ありきの前提があり、そうした官邸主導を体現するのが議長を務める内閣官房副長官である。また、内閣官房からは議長以外にも副議長2名が官房副長官の脇を固め、加えて5名が会議の構成員となっている[68]。大会推進本部、コロナ対策推進室、国家安全保障局といった東京五輪コロナ対策をめぐる要のポジションが内閣官房によって占められているといっても過言ではない。調整会議は事実上、東京五輪開催という首相の意思を忠実に後押しする首相実務会

───────────────

68　調整会議の構成は以下のとおりである。議長が内閣官房副長官（事務）、議長代行が内閣官房副長官補（内政担当）。副議長4名（都副知事、組織委事務総長、内閣官房大会推進本部事務局長、内閣官房コロナ対策推進室長）。構成員20名は、内閣官房内閣審議官（国家安全保障局）、同（内閣官房副長官補付）、同（コロナ対策推進室）、同大会推進本部事務局総括調整統括官）、出入国在留管理庁次長、外務省東京五輪要人接遇事務局長、スポーツ庁次長、厚労省健康局長、経産省大臣官房総括審議官、都総務局長、都東京五輪準備局長、都福祉保健局長、都福祉保健局健康危機管理担当局長、組織委ゲームズ・デリバリー・オフィサー、同チーフ・ファイナンシャル・オフィサー、同大会運営局長、同警備局長、輸送局長、JOC専務理事、日本障がい者スポーツ協会日本パラリンピック委員会（JPC）委員長。アドバイザー2名（川崎市健康安全研究所長、国立保健医療科学院健康危機管理研究部長）。「東京オリンピック・パラリンピック競技大会における新型コロナウイルスの感染症対策調整会議の開催について」（2020年9月3日　2020年東京オリンピック・パラリンピック競技大会関係府省庁連絡会議議長決定）。

議の様相を呈している。調整会議は東京五輪コロナ対策の実質的な実施決定権者なのである。そこには実務内容や技術論のレベルはともかく、開催の是非や可否をめぐる異論が展開される余地は最初から存在しない。

　調整会議は典型的な政府中枢（コア・エグゼクティブ）組織である。また、設置に至る経緯、コロナ禍における大会開催方法の提示という特異な役割、会議の発信内容と対策の方向性や中身がそのまま IOC 調整委員会に伝達され了承されているパターンが見出されること、会議開催以前にインフォーマルな形で IOC の意向が調整会議に伝えられていると推察されること、調整会議は IOC の意を受けそれを実務レベルに落としていく任務を果たしていることなど、政府中枢でありながら、実務に特化した IOC 補完組織の性格を有している。

　果たして IOC と調整会議とは主従関係に転化したのであろうか。あるいは東京五輪開催の果実（IOC は財源・五輪ブランドの維持や五輪の存続への道筋確保など。政府中枢は開催によるインバウンド等の経済効果の達成や政権への支持の安定的維持など）をめぐる相互利害の一致が調整会議を出現させたのであろうか。政府中枢はコロナ対策やウィズコロナの国家運営のために IOC を使おうとしているのであろうか。

　アスキムらのいう「党派横断的な被任命権者（CPA＝cross-partisan appointees）」は、調整会議における議長である内閣官房副長官が該当する。首相・官邸・政権政党の意に沿って、関係省庁よりも一段高い位置から、東京五輪開催に向けたコロナ対策を打ち出す任務を背負った CPA なのである。調整会議長は五輪仕様のコロナ対策という政策提案を一手に握っている。政権党議員が多数派の国会と省庁をつなぎ、メディアへの情報提供や省庁の権限を肩代わりすることで、結果的に大臣の仕事量を軽減させている。調整会議長はまさに「党派を超えた国家行政官」である。そしてその政策成果はコロナ対策による五輪開催であり、「ネガティブな調整への貢献を超越」した、政策を成功に導くコア中のコアなのである。調整会議長は官僚機構の政策実施の中枢にも位置する。同時にそれはコロナ対策によって東京五輪を

可能とするところの二度と来ない「独自の機会」なのである。調整会議長には行政資源と政治資源が備わっていることになる。

　ズベックによる指摘も実に興味深い。仮に「EU指令」をIOC指令、指令を受ける「国内幹部（domestic executive）」が首相・官邸の意を受けた調整会議委員とみなせば、調整会議は最終的には政府が責任を負う「正当な権限を有するメンバー」によって構成されており、IOCの意図（経済イベントとしての東京五輪開催）は調整会議による「立法・官僚的行為」（政府お墨付きのコロナ対策）如何に掛かっている。調整会議という「行政中枢」は組織委・関係省庁・都・スポーツ団体からなる「集約的な機関」であり、目下最も重要な東京五輪政策において「独占的な管轄権」を持っているのである。そして、調整会議は東京五輪を開催させるという強力な「国家利益」をIOCの「決定作成に"アップロード"する能力（the ability to 'upload' domestic interests to the EU-level decision making）」を有しているし、現実に会議内容やその報告は即時IOCに伝えられる。両者の「フィット具合」は実に良好である。

　さらには国内外のスポンサーやIFの意向など「高い外部インセンティブ」がある場合には、あるいは仮にWHO、国内外の選手、世論などから開催を危惧する「高い外部インセンティブ」が出現した場合には、「執行と反映」（大会の実現あるいは中止）といったプロセスを生じさせ、そのための口実や理由説明、責任回避といった「集約的なルール作成（collective rule-making）」につながるであろう。

　調整会議にとっての第一義的な任務は、大会実現という政府の「集約的利害」の「執行と反映」である。そして、調整会議は「集約政府型の政府（prime-ministerial or collective government）」の意思をストレートに執行・反映する会議体組織である。

　それではグッドウィンらが指摘した「権限の構造化された非対称性（structured asymmetries of power）」についてはどうであろうか。イギリスと同様、日本においても「スポーツ政策に関わる多様な関係組織間のネットワーク」という名の下に、政府介入という非対称性が顕在化してきた。とくに東

京五輪開催が決定した2013年9月以降、メダル獲得に向けた競技スポーツの強化は、国家の優先事項として取り上げられるようになった。「スポーツ政策の政治化」がますます進められたのである。ただ、日本の場合、生涯スポーツへの政府の介入については慎重な分析が必要であろう。また、日本の場合、スポーツが「最も分裂し、混乱し、摩擦のある政策共同体（the most divided, confused and conflictive policy communities in British Politics）」と位置づけられるかはわからない。イギリスで持ち出された「スポーツのためのスポーツ（sport for sport's sake）」という政策推進標語により健康スポーツ軽視の趨勢が出現するかどうかについてもわからない。

　東京大会準備プロセスを見る限り、政府の競技スポーツ重視（とりわけ、世界大会も含めメダル獲得において有望な競技スポーツ）を前提とした、「階層的な統制メカニズム（hierarchical control mechanisms）」は確実に拡大し、洗練され、強化されてきた。そして、調整会議はそれが凝縮された一つの帰結である。まさに調整会議は「非対称的なネットワークガバナンス」の中枢に位置しているのである。そして、このガバナンスにおいては、東京五輪開催の可否をめぐる「説明責任やコミュニケーションライン」がまったくといっていいほど社会に向けてなされていない状況が続いている。「関係者や草の根スポーツの従事者への上から下への流れ」が止まっており、「非対称」の典型となっている。

　新聞報道よれば、新型コロナウイルスの感染者が世界で累計4000万3000人（死者は115万3000人）を超え、1日当たりの新規感染者数が、欧米各国で過去最多を記録（2020年10月27日現在。たとえばフランスでは10月25日の新規感染者が5万20000人、アメリカでは同23日、新規感染者が8万30000人超）[69]する中、IOCバッハ会長は、「満員の観衆が理想的だが、現実的に可能ではないようだ」と述べた[70]。東京五輪開催を前提とした調整会議とIOCの一体的相互連携の体制は今後、機能不全となり瓦解に向かうかもしれない。

69　2020年10月27日付朝日新聞「1日の感染者最多　欧米相次ぐ」。
70　2020年10月29日付産経新聞「五輪客削減　改めて言及」。

第5章　東京五輪変質の帰結

　最終章では、筆者が2013年9月の東京五輪開催決定後に取り組んだ7年間あまりの研究を振り返り、その時々の知見のエッセンスを提示する。一連の知見の経緯から東京五輪変質の現象が浮かび上がってくると思われるからである。

1　招致活動とガバナンス変容

　障害者スポーツの厚労省から文科省への移管は、トップ競技者レベルに止まるとはいえ、障害者スポーツをこれまでの厚生福祉領域からスポーツ領域へと位置づけ直すところの、スポーツ行政の所管をめぐる大きな変換であった。

　文科省によるスポーツ行政予算の大幅増加の要求は、これ以降、スポーツ事業の量の変更をもたらすことで、とくに増加分の使途の中身や財源投入の妥当性・有効性をめぐる議論を引き起こすことが予想された。

　スポーツ庁設置の本格的な着手は、招致が実現したがゆえの産物であった。設置はまさにスポーツ・ガバナンスにおける中枢行政組織の誕生を意味した。

　全柔連に対する内閣府の勧告は、五輪開催の決定にあたってのマイナス材料の払拭を政府が意図したものであった。相次ぐ不祥事と問題を放置する自浄能力の欠如をもたらしたがゆえに、国の介在・介入は致し方ないと認識された。スポーツ団体に対する国家的教育は必要といった考えを容認する空気が再びもたらされた。そこにはスポーツ団体による自立・自律的なガバナンスではなく、政府・行政が関与するところの依存・他律的なガバナンスへの

変容の芽が含まれていた。

　IOC 総会プレゼンでの皇族のスピーチについては、政治・行政（文科省）、そして政府がバックアップする民間団体の招致委員会が、これまで皇室に関する行政（宮内庁）との暗黙の了解、すなわち、皇室を政治的行為（招致活動）とは関わらせないという行動様式を逸脱させた。大規模大会の誘致をめぐる今後のスポーツ・ガバナンスのあり方を変容させる可能性が指摘された。

　五つの事例に共通しているのは、東京五輪開催という目的達成に向け、スポーツ界を超越するところの政治・行政、ひいては政財官民が「チームジャパン」「オールジャパン」に象徴される一丸・一体となった招致の働きかけがなされ、それと平仄を合わせるように、スポーツ・ガバナンスが変容したということであった。

　スポーツ庁設置の本格的検討開始を除けば、いずれも開催決定以前の招致の段階での外在的力学がもたらしたものであった。開催決定につながる IOC の意思に応えるためには、結果として、スポーツ・ガバナンスの変容をもたらす国家レベルでの約束が不可欠であったし、五輪開催都市の決定を握る IOC という巨大な力を借りる形で初めて実現したのである[1]。

2　東京五輪と復興五輪

　東京五輪をスポーツだけではない、文化や芸術の世界的祭典にできれば、平和や相互理解への貢献において、政治力や経済力を凌駕するパワーが生まれるかもしれなかった。パラリンピックの成功があらゆる領域での共生社会実現の先導役となるかもしれなかった。広域自治地体レベルでのトップ競技選手の育成は、五輪終了後の競技スポーツと生涯スポーツとの垣根を低くするだけではなく、トップ選手が地域に密着する好循環のコアとして活躍するような地域社会を出現させる可能性があった。

　1　中村祐司「第 1 章 2020年東京五輪とスポーツ・ガバナンスの変容」（『2020年東京オリンピックの研究—メガ・スポーツイベントの虚と実—』（成文堂、2018年）、1 -11頁。

　一方で、スポーツ・文化・芸術の祭典にセキュリティや治安面から規制・コントロールがかかり過ぎると事業自体が萎縮し、共生社会の強調が一過性のスローガンで終わってしまう危うさもあった。またメダル獲得が実質的な至上命令となると、候補選手の人間的成長を阻害してしまうおそれすらあった。

　復興五輪についても同様であった。大会組織委員会の被災地復興支援チームは、被災した広域自治体と基礎自治体、さらには地域のNPO法人とのスポーツを通じた復興事業の結節点となり得た。学校・地区レベルでの復興五輪の理念を体現したかのような取り組みや学校運動部の復活は、オリンピック教育モデルの全国津々浦々でのこれからの展開を期待させた。地元ラグビークラブチームとNPO法人、行政・住民の協力によるラグビーW杯大会誘致は、それ自体が復興事業と一体化していたし、社会人野球部は被災地の地域総合力のシンボル的存在となっていた[2]。

3　スポーツグローバル公共圏

　東京五輪が生み出すと期待したグローバリゼーションと公共圏を「スポーツグローバル公共圏」（SGPC＝Sports Global Public Sphere）と名付けた。そしてこの公共圏の形成にとって避けて通ることのできない六つの課題群（イシュー・クラスター。Issue Clusters）、すなわち、①経済的波及効果、②政府予算の増額、③競技施設の設置（新国立競技場問題など）、④交通アクセス・移動、⑤政治・行政・団体・企業・住民等における連携・協力、⑥公共圏をめぐる他の構成要件（パラリンピック、ボランティア、環境、安全、教育、復興五輪など）を設定した。

　六つの課題群はそのいずれかが欠けても、公共圏自体が成り立たなくなるとした。五輪の価値は、ボランティア活動の原動力となるし、環境・安全の

2　同「第2章 復興五輪事業をめぐるスポーツ行政の役割」、同書、13-23頁。

確保は2020年東京五輪における質の豊かさと運営の安定に直結する。そして、教育が次代の担い手を育て、復興五輪が達成されて初めて、開催を決めたIOC総会での意思表明が偽りではないと世界の人々に示したことになると位置づけた。そして、課題群同士の連携・協力・調和こそが最終目標となるべきものであり、市場（企業）、政治・行政（政府）、団体、個人が各セクター間で折り合い、摩擦や妥協を繰り返しながら最適解を見出していく機会となると予想した。また、各セクターの有する資源を最大限に発揮し合い、その総力が高次元の価値を生み出せる機会となることを期待した。

　六つの課題群は、解決しなければならない特定の政策領域を単に集めたものではなく、各々の領域が相互に作用し合うものであるとした。スポーツグローバル公共圏研究の射程においては、マトリックス（matrix）型の思考・考察力が求められとし、まずは個々の特定領域（課題群）において絡み合う具体的諸要素を、表面的にではなく深く掘り下げつつ、諸要素間の相互関係を把握する必要があるとした[3]。

4　日中韓スポーツ・ガバナンス

　韓国平昌における2016年当時の「平昌2018、東京2020、北京2022の代表者」の集まりは、五輪が3大会連続してアジアにおける近隣諸国の間で、持ち回りのように開催されるがゆえに可能となった試みであった。地理的な近接性により人々が直に会って、電子媒体を介さずに直接に向き合いながら行うコミュニケーションの価値を再認識させたはずである。

　一方で、隣接しているがゆえに三カ国の利害得失が直接に絡まり、摩擦が生じやすいことも事実であった。ロシアのドーピング問題や東京五輪招致過程での不正疑惑など、五輪は商業主義の浸透と平仄を合わせるかのように、清廉潔白の諸要素を放棄しているようにもみえた。しかし、平和を追求する

3　同「第3章 東京五輪とスポーツグローバル公共圏の形成」、同書、25-40頁。

スポーツの世界的祭典である五輪には互いにポジティブなベクトルを提供し合い、それらを次世代に継続するいくつもの諸価値が存在することに期待の目が注がれたことも事実であった。

　2014年11月に札幌市は2026年冬季五輪の招致を表明し、16年6月には開催概要計画案をまとめた。1972年札幌冬季大会のレガシーが招致表明を後押しした。1964年東京大会以外にも、長野市は1998年冬季大会を開催した。韓国における1981年ソウル五輪夏季大会、2008年の北京夏季大会もあった。1964年（日本）、72年（日本）、81年（韓国）、98年（日本）、2008年（中国）、18年（韓国）、20年（日本）、22年（中国）を一つの「五輪サークル（Olympic Circle）」とみなせば、のサークルには相互に五輪準備や開催経験の英知を出し合う素地と環境が整っていると期待されたのである。

　さらに、1964年から2022年までの約60年間を断片的にではなく連続的に捉えることで、五輪によるポジティブなアジアスポーツ・ガバナンスの構築期と位置づけることができた[4]。

5　スポーツ省の設置提案

　2017年度ないしは2018年度中のスポーツ省の創設をビジョンとして盛り込みつつ、今後のスポーツ庁の設置を進めるべきであると考えた。スポーツ庁の設置をスポーツ省の創設のための過渡期あるいはステップ（たとえば附則的な記載など）と位置づけたのである。

　その理由は大きく三つあった。一つはスポーツの射程がその定義も含めて、大きくしかも急速に拡大・拡散したことである。文科省以外の中央省庁レベルのスポーツ行政についても、総務省、外務省、厚生労働省、国土交通省、観光庁、経済産業省、環境省、内閣府など、スポーツ行政関連省庁の担当事業内容の多元化・多様化がますます進んでいた。

　4　同「第4章 東京五輪と日中韓スポーツ・ガバナンスの特質」、同書、41-51頁。

　ただ、スポーツ行政をめぐる各省庁の縦割り解消のためにスポーツ省を提案した訳ではなかった。スポーツ行政関連領域の拡大・拡散現象、すなわちスポーツグローバリゼーションが、スポーツ行政の一元化行政組織（スポーツ省）によって解消されると考えたのではなかった。また、スポーツ省がスポーツ行政関連機能を飲み込むことで他省庁の所管機能を奪うだけでなく、創設後は肥大化していくという認識もなかった。

　政策、市場、団体などの相互作用により国内外のスポーツ世界の変容がもたらす変転して止まないダイナミズムにおけるネットワークの結節点に位置し、これを緩やかにかつ適切に制御・コントロールできるのは庁レベルの行政機構ではない（省庁間調整における省と庁の調整力の差など）と考えたのである。その意味で、スポーツ省を縦割りの事業官庁であると同時に、スポーツ政策ネットワークのコアに位置する横割りの調整官庁と位置づけた[5]。

6　新国立競技場建設問題

　新国立競技場建設をめぐる意思決定過程に注目し、機能欠陥の事例をめぐる七つのフェーズを設定した。

　建設費の乱高下（フェーズ1）は振れ幅の大きさはもとより、財源調達の見込みがないという点でも前代未聞であった。その帰結としての計画の白紙撤回（フェーズ2）は、政権が民意を無視できない事実を浮き彫りにした。意思決定のコアにいる人物が、他の大規模スポーツイベントである2019年ラグビーW杯のあり方と密接に結びついていたことと、JSCトップの諮問機関に過ぎない有識者会議が影響力を発揮した事実が、ある程度白日の下に晒されたのである。

　白紙撤回後の国の体制（フェーズ3）をめぐり、責任の所在が曖昧であったこと、巨大施設の建設に従事する専門能力に欠けていたこと、東京五輪開催

5　同「第5章　スポーツ・ガバナンスの新展開―スポーツ庁の設置と東京五輪―」、同書、53-73頁。

決定が関係者のコスト感覚を麻痺させたこと、ここぞとばかりにスポーツ界をはじめ、自らの利益の浸透・拡大に傾注したこと、などが明らかとなった。文科省およびJSCの相対的地位は低下し、政府（とくに内閣官房・首相官邸）の主導性を高めた体制となった。国策による東京五輪の準備を本格化する契機となったのである。

　第三者委員会による批判（フェーズ4，5，6.各々「失われた2年半への批判、有識者会議への批判、第三者委員会による検証と批判）の矛先は有識者会議に集中し、「失われた2年半」の経緯が厳しく問われた。焦点は白紙撤回後の動向（フェーズ7）に移ったが、建設費の上限1550億円については、過去の五輪のメインスタジアムの建設費と比べて突出して高額であったにもかかわらず、2550億円から1000億円も減額したという政治的パフォーマンスばかりが強調された。

　さらに、新国立競技場は陸上などのスポーツ機能拠点をはずしてでも、神宮外苑再開発の商業的拠点としての存在に重きが置かれるようになった。新国立競技場の大規模化と神宮外苑再開発の方向性はリンクしていたのである[6]。

7　　東京五輪施設のコスト分担問題

　東京五輪の競技施設と費用分担をめぐる都と組織委の主張と影響力行使に向けた各々の働きかけ、IOC、政府、候補地も含めた会場地自治体の反応、さらには相互作用や調整の結節点としての意思決定の中身について、2016年9月から2017年5月末までの9カ月間を対象に、4つの期間に区切って把握した。

　第1に、都は五輪関連準備の費用分担が当初の計画案と比べていかに増大しているかを俎上に載せ、組織委や関係者のこれまでのやり方を責任者不

6　同「第6章 新国立競技場建設における意思決定機能の歪み」、同書、75-94頁。

在、旧態依然、コスト削減意識のないものとして切り捨てた。都には地道な政策実務の積み重ねよりも、派手な「政策パフォーマンス」の効果を第一義的に考える一貫したスタンスがあった。

　第2に、意思決定において、都知事の意思は東京都オリンピック・パラリンピック準備局を通じてではなく、常に都政改革本部（調査チーム）を通じて表明された。政局に連動する考え方を最優先する知事の手法に職員は振り回され、疲弊した。

　第3に、組織委の意思決定がトップに集約化され過ぎていることによる助言・勧告機能の欠如があった。各々のトップ（組織委と都）が自説を主張するばかりで、互いの提案に耳を傾けなかったことが機能不全の主要因であった。組織委会長と都知事の強烈な個性と独断性が水面下での組織間調整を難しくした。

　第4に、IOCが関係者間の調整の破綻を食い止めたことが、組織委と都の調整の膠着状況を変えた。IOCは、経費削減では都の意向を汲み、会場地の確定では組織委と競技団体の意向を汲んだという点で、調整の決着に向けた道筋を提示した。しかし、五輪統括組織の助け船がなければ、当事者間での重要問題を何ら解決できないという政策的禍根を残した。

　第5に、蚊帳の外に置かれた中央政府（五輪担当大臣）と地方政府（案も含めた都以外の会場自治体の北海道、宮城県、千葉県、埼玉県、神奈川県、静岡県の6道県と候補地としての福島県）の前者について、何もしないことによる組織委と東京都の両者への牽制が政府・官邸の意向であったと推測された[7]。

8　費用分担のガバナンス

　2017年5月の大会経費費用分担をめぐる関係自治体等連絡協議会にみられる組織委、国、都、都外会場地自治体のネットワークガバナンスについて、

7　同「第7章 東京五輪施設のコスト分担をめぐる摩擦と調整」、同書、95-109頁。

第1に、暑さ・集中豪雨・台風などの対策に必要な予備費1000〜3000億円を大会経費から除外したことを「1000億円縮減できた」とした都知事の認識とPRは、政治の力学がコストガバナンスを歪めた典型例であった。

　第2に、都の基金（3800億円）と都債を仮設施設などに支出できない制約があった。都の負担金6000億円の仮設施設への支出の正当性が見えず、仮設施設への支出が都のどのような会計から支出されるのか、その透明性が問われた。

　第3に、都道府県発行の協賛宝くじの追加発行によって、都外競技会場の運営費350億円へ充当しようとする唐突な提案があった。追加発行という形で都外自治体に安易に拡散させるのであれば、本来であれば連絡協議会での丁寧なやり取りを経なければいけないはずであった。

　第4に、組織委の1000億円増収見込みの確実な見通しが700億円に止まり、残り300億円の目処が立たないことであった。都と組織委はこの点についての見通しと対応を早急に提示すべきであった。

　第5に、国による大会警備費を総経費から外したこと（国の予算への付け替え）であった。国を中心とする大会警備にかかる費用を大会経費に組み込むことの是非以上に、別立て経費とするならば、大会警備費を大会経費に紐付けた形で提示すべきであった。

　第6に、既存（仮設）施設の通常営業ができなくなることへの補償額の範囲設定・積算がないことであった。補償額が都の負担をさらに増加させる懸念が指摘された。

　関係自治体等連絡協議会で明らかになった組織委、国、都、都外会場地自治体の合意内容からわかることは、前年6月の費用分担合意に戻ったに過ぎないこと、そして、そこに1年もの時間が費やされたという事実であった。加えて、国の負担や今後調整される自治体負担が政府予算や自治体予算に振り分けられ、「大会経費の真の総額」がみえにくくなってしまった。こうしたガバナンス欠陥の中、「1000億円縮減できた」とする都知事の発言と認識には、「都民ファースト」の内実が虚構であることの一端が示されていた[8]。

9　東京都の大会関連経費

　第 1 に、都の「大会関連経費」の中身は、大きく「大会に直接・密接に関わる事業」と「大会の成功を支える事業」とに分けられるが、前者の場合、「大会経費」との線引きが不明確であった。大会経費に計上されていない中身を大会関連経費に付け替えているとの批判があった。

　第 2 に、「大会の成功を支える事業」費ではあまりにも大括りの捉え方であった。これと「大会に直接・密接に関わる事業」費が、奇妙ともいえる均衡を保ちながら予算化された。

　第 3 に、大会関連経費の出現によって、いったいどのくらいの事業費が掛かるのかが、みえづらくなった。大会経費と関連経費の境界にはあいまいさが残り続けた。

　第 4 に、都財務局による追加負担の説明があまりにも言葉不足であり、その説明内容は意図的ではないかと思わせるほど貧弱なレベルにあった。

　第 5 に、なぜ組織委が2018年 1 月の段階で早々と大会関連経費をゼロと確定できるのか不可解であった。また、国の場合「未公表」としていて、本来、都と同じタイミングで国の負担額が示されなければ、大会関連経費をめぐる両者の分担の調整が付いたとはいえないはずであった。

　第 6 に、2017年10月の衆院議員選挙を境に都、組織委、国との間の均衡が崩れたことで、都の発言力の弱体化とその裏返しとしての組織委と国の主導性が、2020年東京五輪のコスト負担のあり方にも反映した。2018年 1 月における都による大会関連経費8100億円追加負担の突然の表明、それとは対照的な組織委の負担ゼロの確定、さらには国の負担未公表といった事実が、東京五輪をめぐる都、組織委、国の間での相互影響力の不均衡の裏返しであり、組織委と国による都の影響力奪胎を示していた[9]。

　8　同「第 8 章 五輪研究における知見と事例の接合」、同書、111-136頁。

10　管理・統制五輪へ

　中枢（コア）、中位（ミドル）、周縁（マージナル）の三つの課題群を設定し、このいずれかに東京五輪をめぐる諸課題を落とし込みつつ、それぞれの課題が有する特性を、ネガティブ・ベクトル（拡散・連鎖・深刻化）とポジティブ・ベクトル（収縮・切断・反転）という動態的推移を推測することで捉えた。ポジティブな道筋を主導するのが、組織委や東京都以上に国家（政府）であり、国家管理・統制型の五輪が到来するという結論に達した。

　コア課題群の警備（セキュリティ）におけるサイバーテロの被害は瞬時に電子媒体ネットワークに乗って拡散し、これにつながる多方面かつ多くのシステムや利用者に連鎖していく。

　中位課題群における新国立競技場周辺の立地都市公園化についても、コンクリートの寿命が尽きる数十年以上の長期期間で見れば、取り返しのつかない負のレガシーとなってしまう可能性がある。しかし、新国立競技場のイメージが具体的な輪郭を伴って出現するにつれて、メディア報道による露出と相俟ってネガティブ・ベクトルの動きは急速に弱まっていった。

　周縁課題群におけるメディアスポンサーが抱える課題について、大会成功の根幹を揺るがすようなことはできないジレンマがあると指摘した。スポンサーという立ち位置が足枷となって、開催の打撃を与える類の報道は収縮・切断に向かい、とくに人々の関心や盛り上がりを促す、その意味では政府、組織委、都の意図に沿った旗振り役（反転）としての報道がますます増えていくと予想した。

　2017年10月の衆議院総選挙において、東京都知事を代表とする希望の党は大敗したことで、都知事による政治的パフォーマンス（政府や組織委との対立・摩擦による都知事の政治的存在感の上昇）の回避（実務型都知事への転化）が顕在

9　同「第9章 東京五輪の説明責任—批判とコスト負担のあり方—」、同書、137-161頁。

化し、そのことは国家による東京五輪の管理と統制のさらなる強化に直結していった[10]。

11　スポーツ団体ガバナンスの破綻

　国（スポーツ議員連盟、文科省、スポーツ庁、JSC、内閣府、内閣官房など）がスポーツ団体（JOC、日本スポーツ協会、各スポーツ競技団体など）を監視・監督するシステムにおいて、自浄能力がないと判断されたスポーツ団体は、統括団体であろうと競技団体であろうと実質的には国から一方的にチェックを受ける対象となった。あくまでも監視・監督者である国の仕組みの枠内（手のひらの中）で、スポーツ団体は被監視・監督者としての対応が問われるようになった（「一極集約型」の不祥事対応システム）。

　それに対して政策の処方箋として提案したのが、「二極分化・鼎立型」ないしは「二極分化・鼎立型プラス1」の不祥事対応システムであった。JOC・日本スポーツ協会が主導し加盟スポーツ競技団体から構成される不祥事対応機関（「日本版スポーツ倫理財団」）を設置し、国からのチェックを受けると同時に自らも国をチェックする、いわばスポーツ団体と国という「二極」が相互にチェック機能を発揮するしくみを提案した。

　両者をチェックする存在としてのメディア（マスメディア、ソーシャルメディア）が加わることで、スポーツ団体、国、メディアの三者による「鼎立」が形成され、メディアをチェックする役割は国民や企業が担うため、これらを加えれば「二極分化・鼎立型プラス1」の不祥事対応システムとも呼び得た。こうした双務的な組織間チェックシステムの構築という点で、スポーツ団体は自治・自立・自律をめぐる岐路に立っていた[11]。

10　同「第10章 国家による東京五輪の管理と統制」、同書、163-177頁。

11　中村祐司「第1章 スポーツ団体ガバナンスの破綻」（『2020年東京オリンピックを問う―自治の終焉、統治の歪み―』（成文堂、2020年）、1-19頁。

12　スポーツ団体自治の終焉

　国主導のガバナンスコードをもたらした主要因は、団体間の協力の構築も含め競技団体自らが実のある運営指針を作成する姿勢も力量も欠いていたことと、この面でスポーツ統括団体が果たすべき競技団体へのリーダーシップが欠如していたことである。

　JOC 会長の辞任問題は、国外では IOC、国内では政府・スポーツ庁や組織委といった、統括団体・競技団体の外部からの働きかけによって、政策変更が起こるメカニズムである「メタ政策」を想起させた。そこには JOC 会長の辞任表明に決定的な影響を及ぼしたところの、IOC、組織委、スポーツ庁があたかも一体となったかのような外在的・包囲的な影響力があった。

　スポーツ団体ガバナンスコードの策定に、スポーツ統括団体や競技団体が積極的に関わった形跡がほとんどみられなかった。スポーツ審議会の検討部会には統括団体幹部も加わったものの、とくに役員の任期制限をめぐっては抵抗勢力に止まった。

　また、JOC 会長退任につながった招致活動をめぐる贈賄疑惑の責任の所在について、組織（招致委）としての説明責任が完全に欠如していた。なぜ、疑惑のコンサル契約の決裁に関わった文科省、外務省、東京都からの出向者 3 名や当時の電通スポーツ局の役職者は沈黙を守り続けたのか。招致委の理事であった組織委会長やスポーツ庁長官（当時）は、なぜ自らが関わった「オールジャパン」で臨んだ招致活動をめぐる疑惑に対して説明責任を果たさなかったのか。国内外の東京五輪利害共同体への傷口を最小限に抑えるためには、JOC 会長の辞任（とそれに続く IOC 委員の辞任）に責任を焦点化することが、共同体にとって最適な選択肢と判断したからではないか。

　ガバナンスコードの策定プロセスにおける JOC・JSPO や競技団体の役割機能の欠如や政官とスポーツ統括団体・競技団体との関係変容に加え、こうした一連の動きは、それまで30年間、その実際はともかく、どうにか旗印と

して掲げ続けてきた自立、自律、自治が終焉に向かうスポーツ統括・競技団体の姿を示していた[12]。

13　迷宮の大会経費

　政府の対応について、第 1 に、会計検査院報告への応答までの期間の短さが挙げられる。会計検査院はその後 1 年 4 か月かけて報告書を作成した一方、大会推進本部が応答までに要した時間は僅か26日間であった。しかも、「各府省等から情報を集約」してほしいという会計検査院の要請に、政府は応えなかった。

　第 2 に、その性急さが、政府報告の内容に反映していた。政府はあくまでも「大会の円滑な準備及び運営」に資する関連施策（直接経費）を対象とし、もう一つの「大会を通じた新しい日本の創造」に資する関連施策（間接経費）については「精査」を行わなかった。

　第 3 に、政府による大会経費の類型表現は、意図的かつ苦肉の策ではないかと思われるほど、曖昧模糊としたわかりにくい表現であった。

　第 4 に、直接経費をできるだけ抑制して見せたい政府の強い意向が反映された結果となった。

　第 5 に、会計検査院報告は、政府に対して「業務の内容や経費の規模等の全体像を把握して、対外的に示すことが必要」だと指摘したにもかからず、政府はこの指摘に正面から応答しなかった。政府は初めからその主眼を、会計検査院が指摘した直接経費5879億円の大幅な減額に置いた。

　第 6 に、2018年10月と12月の政府による会計検査院報告に対する無理筋ともいえる対応のつけが、翌2019年 1 月末の予算ベースでの大会経費の公表につながったのではないか。しかし、その内容は従来からの国負担1500億円との関連性において、わかりづらい内容となっていた。

12　同「第 2 章 スポーツ団体自治の終焉」、同書、21-42頁。

　第7に、東京五輪の大会経費をめぐる直接経費と関連経費の線引きについて、大会関連経費をめぐる各中央省庁間の捉え方の差異を埋めるといった役割を内閣官房大会推進本部は果たさなかった。2013年度以降決算ベースでの支出が積み上がっており、政府は大会関連経費を体系的に予算・決算ベースの両面で整理し直すべきであった。

　第8に、そもそも会計検査院としては、政府が本来果たすべき役割に代替する形で、検査対象とする膨大な数にのぼる五輪の施策・事業事態を自ら設定せざるを得なかった構図があった。政府は、大会の直接経費取り扱いの根拠を示さないまま、ひたすら抑制のスタンスを取り続けただけでなく、関連経費についての言及すらしないで曖昧な姿勢を取り続けた。

　説明責任を放棄したかのような、まさに木で鼻を括るような、大会経費をめぐる政府による一連の対応は、他の政策分野においても散見される一連の粗雑な説明責任の行使と相俟って、官邸官僚・内閣官房への権能の集中と肥大化の弊害が如実に現れた典型事例であった[13]。

14　競技施設の後利用問題

　東京五輪における新規競技施設の大会終了後の後利用に注目し、有明アリーナを除く7競技施設で大幅な赤字が見込まれること、とくに新国立競技場の後利用には不透明感が強いこと、選手村の後利用と臨海部開発および神宮外苑開発には市場性の論理が貫かれていることを明らかにした。

　市場における金銭換算では把握し得ない評価基軸があるとすれば、それは社会性に軸をおいた評価であり、各施設はハード・ソフト両面において社会的資本を備えているという前提で、新規競技施設を東京五輪の実の伴った「レガシー」とすべく、静態ではなく動態として、そのあり方と方向性を抽象レベルではなく具体レベルで追求することの意義はあると考えた。

13　同「第3章 大会経費という迷宮」、同書、43-70頁。

　社会的資本とは、五輪新規競技施設が施設の管理運営、施設を拠点とした情報発信、競技施設や他のスポーツ施設、さらにはスポーツ以外の公共・民間施設との連携、施設に関連する人々との間の連携・協力など、競技施設をスポーツや文化その他の活動の機会、集い、交流、価値創出の拠点としての公共空間と捉えたソフト・ハード両面の公共性・公益性を有しかつ持続可能な価値を持った資本を指すとした。

　さらに、社会的資本を拠点性、機能性、関係性、参画性、発信性、包摂性、展開性といったハード・ソフト両面の七つの特性から構成される資本と位置づけた。施設が活動や機会の中心となり（拠点性）、実際に施設が公益サービスを提供し（機能性）、組織にせよ人々にせよ同セクター内や他セクター間での関係があり（関係性）、サービスの受容者で終わらない何らか能動的関与があり（参画性）、施設に関わる口コミも含めた情報の提供があり（発信性）、参加組織や参加者の多様性を認め（包摂性）、静態としての存在で終わらずに動態としての活動の維持や進展（展開性）がみられる、とした[14]。

15　東京五輪統治の歪み

　IOC、国、大会組織委員会（組織委）、東京都（都）との間のトップダウン型の相互連結性を把握した上で、札幌へのマラソン会場変更において、IOCと国・組織委の結合体（連結体）が、その意思を一方的に都に押しつける形での片務的な調整・統治行為（「合意なき決定」）を明らかにした。また、東京五輪における国負担の経費をめぐり、とくに会計検査院による指摘内容と国（政府。具体的には内閣官房大会推進本部）の説明内容との乖離の中身について、統治における説明責任という側面から、「直接」経費と「関連」経費の捉え方に焦点を当てた。

　二つの事例には、その性格に違いはあるものの、都を除くIOC・国・組

14　同「第4章　競技施設の後利用問題」、同書、71-87頁。

織委の三者の結合体が主役を演じたという共通点があった。

　マラソン会場の変更について、開催都市の意向を排除し不意打ちのような形で事業変更を押し通した。五輪憲章や開催契約上、決定権はIOCにあるとしても、その手続きや進め方に大きな瑕疵を残した。

　この行為において、「アスリートファースト」という誰も反対できないドグマ（教義）的なキーワードを前面に掲げ、会場変更を決定事項として都との議論を意図的に避け、IOCが自ら設定した足かせ（夏季開催）を自らのご都合主義によって、上位下達式に変えた（動態的詐称行為）。

　国負担の大会経費について、国は最終段階でも国負担の大会経費を1500億円と提示し、そのうち、新国立競技場（恒久施設）の整備が1200億円、パラリンピック経費が300億円となっており、当初から修正されなかった。

　本来、ソフト面における国負担の直接経費として組み入れるべき経費を、ＩＯＣからの経費抑制・削減の圧力の下、説明もなしに始めからはずした形で見せかけ続けた点、すなわち、説明責任におけるIOC・組織委・国の三者結合体の統治のこうした実相にこそ、問題の本質があった。この種の行為は、マラソン会場変更のそれとは異なる特性があった（静態的詐称行為）。マラソン会場の変更とは異なり、国の財源規模が極めて大きいがゆえに、納税者である国民により丁寧に説明すべき行為を放棄する行為であった[15]。

16　東京五輪の変質と誤謬

　以上のようにこれまでの知見を振り返るならば、招致活動における国家の参入、復興五輪・スポーツグローバル公共圏・日中韓スポーツ・ガバナンスの未達成、その後のスポーツ庁の存在感の希薄さ、新国立競技場建設白紙撤回の政治利用、不明瞭なコスト分担、曖昧な大会関連経費、国家による管理・統制の強化、JOCの発言力低下、競技施設後利用問題の先延ばしな

15　同「第5章 東京五輪をめぐる統治の歪み」、同書、89-113頁。

ど、いずれも目的達成とはほど遠いレベルにあり、いわば作用・作動の変質が起こりつつあった。

　さらに、本書における東京五輪延期をめぐる政治（首相）主導（第 1 章）、延期決定後の政策実施面におけるコロナ対策という中枢課題の出現（第 2 章）、「ウィズコロナ」の東京大会実現を差配するようになる調整会議の設置（第 3 章）、政府中枢による開催を絶対視した大会管理の顕在化（第 4 章）といった具合に、コロナ禍で浮かび上がった問題現象は、国家利害を手放さない政府中枢がもたらすところの東京五輪の価値・機能の変質を示している。

　こうした一連の経緯においてポジティブな作用・作動および価値・機能の表出といえる唯一の例外が、東京五輪マスコットの「ミライトワ」（オリンピック）と「ソメイティ」（パラリンピック）の選定プロセスであった。全国の小学生が学級別に意見をまとめ、投票を通じて深く関わったのである（2017年 11 月〜2018年 2 月）。子どもたちの東京五輪に対するストレートで熱い思いが可視化され具現化された貴重な五輪事業の一つであった。それにもかかわらず、子ども世代による価値創出の象徴であるはずの二つマスコットは、今やその登場のみならず名前すら聞く機会がほとんどなくなった。そのこと自体が、東京五輪変質の一端を示しているのではないだろうか。

　仮に投票に関わった小学生にコロナ禍の東京五輪について尋ねるならば、どの国にも隔てのない形で選手がこれまでの努力を発揮できる出場環境をつくることを最優先すべきだと答えるのではないだろうか。「アスリートファースト」が何たるかについて、誰よりも正鵠を得た言葉が返ってくるのではないだろうか。おそらく国家は東京五輪を「成功裏」に終わせるだろう。苦境の状況の中、歯をくいしばってパフォーマンスを発揮した美談として選手を祭り上げるであろう。コロナ禍でも、いやコロナ禍だからこそ、選手は政治や経済の道具として利用される。無理筋の開催に邁進する国家の変質、すなわち誤謬はこの面でも明らかである。

著者紹介

中 村 祐 司（なかむら　ゆうじ）

1961年　神奈川県生まれ
1987年　早稲田大学大学院政治学研究科修士課程修了
1991年　早稲田大学大学院政治学研究科博士課程満期退学
2003年　博士（政治学、早稲田大学）
同　年　宇都宮大学国際学部・大学院国際学研究科教授
2016年　同地域デザイン科学部教授
2018年　同大学院地域創生科学研究科教授（現在に至る）
　　　　専攻　地方自治・行政学

単　著

『スポーツの行政学』（成文堂、2006年）
『"とちぎ発" 地域社会を見るポイント100』（下野新聞新書2、
　2007年）
『スポーツと震災復興』（成文堂、2016年）
『政策を見抜く10のポイント』（成文堂、2016年）
『危機と地方自治』（成文堂、2016年）
『2020年東京オリンピックの研究』（成文堂、2018年）
『2020年東京オリンピックを問う』（成文堂、2020年）

2020年東京オリンピックの変質
　—コロナ禍で露呈した誤謬—

2021年4月10日　初版第1刷発行

著　者　中　村　祐　司
発行者　阿　部　成　一

〒162-0041　東京都新宿区早稲田鶴巻町514番地
発行所　　株式会社　成文堂
電話 03(3203)9201　Fax 03(3203)9206
http://www.seibundoh.co.jp

製版・印刷　藤原印刷　　　　　　　製本　弘伸製本
©2021　Y. Nakamura　　　Printed in Japan
☆落丁・乱丁本はおとりかえいたします☆
ISBN978-4-7923-3411-6　C3031　　　検印省略

定価（本体2,700円＋税）